Pedro de Souza

HAPPY LIFE!

Weisheiten der Lebensbejahung

Pedro de Souza

HAPPY LIFE!

Weisheiten der Lebensbejahung

Pedro de Souza, geb. 1936 in Goa, Indien, zeigt uns eine
spirituelle Philosophie, die wissenschaftlich untermauert ist.
Seine Philosophie ist eine Beschreibung der Realität der
Schöpfung Gottes. Jeder Bereich ist untrennbar und logisch mit
jedem anderen Bereich verbunden.
Vernunft ist das Kernstück dieser Philosophie.
In diesem Buch erhält der Leser einen Einblick
in Pedro de Souzas Philosophie in Form von Stichworten.
Was zu diesen Stichworten angemerkt ist, ist nicht das,
was man normalerweise erwartet.
Gerade deshalb ist es so interessant.

Weitere Bücher:
Der Ozeanfrosch (3-934699-02-2)
Evangelium 2000 (3-934699-00-6)
Die große Verklärungsrede Christi (3-934699-03-0)

Originalausgabe
ISBN 3-934699-04-9

Gesamtgestaltung: Martina May
Cover: Agentur für Graphik Joachim Waledzik, Karlsruhe
Druck und Bindung: Druckerei Grässer, Karlsruhe
Printed in Germany

Liebe Leser,

als kleines Kind von etwa 4 Jahren sah ich eines Tages hoch zum Himmel und betrachtete den Mond. So schön leuchtete er dort, alle Krater waren sichtbar, und ich fragte eine Erwachsene, die sich mit mir im Garten aufhielt: „Der Mond da oben sieht aus wie eine andere Erde, ist das so?" Sie antwortete: „Nein, das ist eine Lampe, die hat der Mondmann aufgehängt." Ich war daraufhin unsicher, ob ich meiner Wahrnehmung trauen darf.

Als Jugendliche war ich einmal zu einer Studentenfete eingeladen. Dort unterhielten sich zwei junge Männer mit heißen Köpfen. Ich lauschte und versuchte zu erfahren, was sie so intensiv beschäftigte. Alles klang so wirr, dass ich absolut nichts verstand. Ich fragte einen Freund, worüber die zwei sich denn unterhielten. Er antwortete: „Ach, das ist Philosophie!" Philosophie erschien mir daraufhin als etwas Chaotisches und wenig Erstrebenswertes.

Vor etwa 14 Jahren besuchte ich einen Vortrag von Pedro de Souza zu dem Thema „Die Philosophiegeschichte des Westens und ihre Auswirkungen auf unser heutiges Denken".

Und endlich erhielt ich Antworteten, die meinen Geist und meine Seele befriedigten.

Neben der Liebe, die wir erfahren, ist es eine geordnete, harmonische Philosophie, die Sicherheit und Geborgenheit gibt im Leben. Alte und neuere Philosophen haben viele Fragen aufgeworfen,

Antworten gesucht, teilweise gefunden, wiederum falsch verknüpft. Viel Verwirrung und Chaos im Geist ist entstanden und hat einen ebenso wirren und chaotischen Zeitgeist geschaffen. Manche Menschen haben aufgehört, nach einer stimmigen Philosophie zu suchen, weil sie denken, es gäbe sie sowieso nicht. Dennoch prägen unterbewusst verinnerlichte Sprüche und Glaubenssätze chaotischer Philosophien das praktische Alltagshandeln aller Menschen.

In diesem und anderen Büchern von Pedro de Souza mag für Sie der Beginn einiger Aha-Erlebnisse stecken, die zu einem befriedigenden Welt- und Gottesbild führen können. Die Anmerkungen zu den Stichworten in ‚HAPPY LIFE!' sind wie Orientierungspunkte, von denen aus wir selbst weiterdenken können. Wir können die Logik und Sinnhaftigkeit erkennen und versuchen, diese auf andere Bereiche und Fragen unseres täglichen Lebens hin anzuwenden. Wir können mit neuen Gedankenansätzen alte Fragen zufriedenstellend beantworten und Stabilität in unserem individuellen Leben und in der Beurteilung der Geschehnisse in der Welt bekommen.

Natürlich können in einem so kleinen Buch nicht alle Punkte angesprochen werden, die Sie vielleicht beschäftigen. Ich möchte Sie aber einladen, uns zu schreiben, Ihre Kommentare abzugeben, Ihre Fragen zu stellen. Eventuell ist es möglich, dass diese in einem weiteren Band berücksichtigt werden können.

Und nun viel Freude und Erkenntnis.

Ihre Martina May

Leopoldshafen, im November 2000

für Cinderella, Ryan, Nigel, Kenneth und Nikhil

ABSOLUT

Manche Menschen denken, wenn etwas nicht für alle Zeiten gültig ist, dann ist es relativ. Aber absolutes Wissen heißt nicht, dass es für alle Zeiten gültig ist. Wissen ist unendlich. Wir können unser Wissen immer erweitern.

Wissen kann absolut sein, wenn wir den Kontext definieren. Wenn neu gewonnene Kenntnisse unseren Kontext ändern, so ist unser altes Wissen teilweise oder völlig ungültig. Das neue Wissen ist aber absolut. Absolutes Wissen ist richtig innerhalb des Kontext. Absolutheit darf nicht mit Allwissenheit gleich gesetzt werden. Wenn wir absolutes Wissen haben, dann heißt es nicht, wir haben Allwissenheit. Allwissenheit gibt es nicht, außer bei Gott, denn alles, was wir wissen, kann in der Zukunft in einem erweiterten Kontext verbessert werden.

Skeptiker setzen Allwissenheit voraus. Sie meinen, wir können nichts wissen, weil Wissen ständig verbessert werden kann, d.h. weil wir nicht Allwissende sind. Wir wissen nicht einmal, dass wir nicht wissen. Skeptiker meinen, sie wissen nichts, schreiben aber dicke Bücher darüber, um uns davon zu überzeugen, dass sie nichts wissen.

AKZEPTIEREN

Um erfolgreiche Beziehungen zu haben, müssen wir den Partner akzeptieren und nicht versuchen, ihn zu ändern. Die meisten Menschen wollen den Partner ändern, er soll eine Kopie von einem selbst sein. Wenn es ihnen aber nicht gelingt, den Partner zu ändern, werden sie frustriert sein und ihr Selbstwertgefühl wird sinken. Akzeptanz ist das erste Gesetz für eine gute Beziehung. Nach der Akzeptanz kann man den neuen Weg ‚andeuten'. Seien Sie selbst zuerst das Vorbild.

ALLWISSENHEIT

Gott kann nicht unser epistemologisches Modell sein. Gott ist allwissend, aber seine Allwissenheit kann nicht ein Maßstab für unser absolutes Wissen sein.

ANGST

Wenn wir uns vor einer Aufgabe zurückziehen, vor der wir Angst haben, werden wir mehr Angst bekommen. Es ist empfehlenswert, sich auf eine Situation, vor dem man Angst hat, mit Millimeterschrittchen hinzu zu bewegen. Das lässt die Angst schwinden, während Rückzug die Angst vermehrt. Das gilt natürlich nicht, wenn eine echte Gefahr (z.B. Tiger) da ist.

ARBEIT

Arbeit kann immer rational und spirituell sein.

Nur durch die Art und Weise, wie wir unsere Arbeit erledigen, prägen wir unser Wesen. Schlampige Arbeit demoralisiert uns. Die Arbeit ist nicht ohne Wirkung auf unseren Charakter. Nachdem wir ungewissenhaft gearbeitet haben, sind wir nicht mehr die gleiche Person. Wir verändern uns. Schlampige Arbeit ist wie Gift. Dieses Gift verbreitet sich in jedem Teil unseres Körpers, so wie die Hefe in jeden Teil des Teiges geht. Vom Körper geht das Gift auch in Seele und Geist. So können wir kein höheres Bewusstsein entwickeln. Man lügt nicht nur mit Worten, man lügt auch z.B. mit der Arbeit.

Aus Prinzip müssen wir unsere Arbeit immer so perfekt wie möglich machen. Kein Arbeitsstück soll unsere Hände verlassen, das nicht einwandfrei ist. Dieses Arbeitsstück trägt unseren Namen. Man weiß, es kommt von uns. Man erlangt ein hohes Bewusstsein, indem man gewöhnliche Dinge ungewöhnlich gut durchführt. Das ist das Markenzeichen eines spirituellen Menschen.

Wenn wir in unserer Arbeit glücklich werden wollen brauchen wir drei Zutaten, sagte Will Rogers.

1. Liebe zur Arbeit.

2. Glaube an das, was wir tun.

3. Fachwissen.

Der Künstler, der die Freiheitsstatue in New York gemacht hat, fertigte auch die Frisur der Figur Haar für Haar sehr sorgfältig an, obwohl er glaubte, dass niemand das jemals sehen würde. So dachte er. Heute aber haben wir Hubschrauber, und wir können sehen, wie die Skulptur auch in Kleinigkeiten von dem Künstler gewissenhaft hergestellt worden ist. Er hat so gewissenhaft gearbeitet, weil er Liebe für seine Arbeit empfunden hat.

Zuverlässige Mitarbeiter sind eine aussterbende Gattung, deshalb werden sie von Arbeitgebern und

Geschäftspartnern gesucht. Andere Menschen erkennen einen gewissenhaften Menschen sofort an seiner Ausstrahlung. Husten, Liebe und gewissenhafte Arbeit können nicht verborgen werden.

Ein qualifizierter Mitarbeiter, der gleichzeitig gewissenhaft ist, ist den anderen qualifizierten Mitarbeitern überlegen, die nicht gewissenhaft arbeiten. Ein Mitarbeiter, der trödelt oder unachtsam arbeitet, strahlt Schwingungen der Unzuverlässigkeit aus. Diese fallen einem neuen Chef, dem möglichen Geschäftspartner oder sogar unbekannten Menschen auf und werden als solche erkannt.

Max: „Meine Arbeit ist unbedeutend und unwürdig, ich arbeite unterqualifiziert. Sie ist außerdem unterbezahlt und ich werde dann gewissenhafter arbeiten, wenn ich höher bezahlt werde oder bessere Arbeit bekomme."

Ryan: „Aber du wirst aufgrund deiner schlampigen Arbeit keine verantwortungsvollere Aufgabe bekommen. Mit dieser Einstellung wirst du vom Universum weniger Chancen erhalten, eine höhere Position zu erlangen. ‚Denn wer über wenigem getreu ist, wird über viel gesetzt werden und er wird die Fülle haben.' (Mt 25). Es gibt Arbeiter, die z.B. Dächer decken, und anschließend tropft das Wasser in das Haus, oder sie stellen Geräte her, die nach wenigen Tagen kaputt gehen. Diese Mitarbeiter haben weniger Chancen, auf der Erfolgsleiter weiterzukommen, denn sie bekommen weniger Aufträge. Ebenso werden sie auch nicht an andere Auftraggeber weiter empfohlen werden."

ARGUMENTUM AD HOMINEM

Fehlschluss in der Logik. Es bedeutet ein Argument gegen den Menschen. In diesem Fehlschluss wird versucht, eine Idee zu vernichten, nicht, indem Argumente gegen diese Idee vorgebracht werden, sondern indem der Mensch, der diese Idee vorgebracht hat, angegriffen wird. Die Wahrheit oder Falschheit einer Idee basiert aber auf Tatsachen der Logik, nicht auf der Persönlichkeit des Menschen, der die Idee vorträgt.

ARGUMENTUM AD VERECUNDIAM

Fehlschluss in der Logik: Ein Argument, das aufgrund von Ehrfurcht oder Respekt vor einer Autorität stimmig erscheint. Die Struktur dieses Fehlschlusses ist einfach: Eine Idee stellt eine unanfechtbare Wahrheit dar, weil die Mehrheit daran glaubt, weil die alten Schriften oder alten und neuen Bestseller das verkünden, weil berühmte Persönlichkeiten wie Popstars oder Akademiker es behaupten. Am schlimmsten ist es, wenn wir Menschen des 21. Jahrhunderts uns unreflektiert von den Gedanken der Menschen bestimmen lassen, die vor Jahrhunderten und Jahrtausenden gelebt haben.

Selbstverständlich ist es kein Irrtum, von anderen lernen zu wollen oder zu können. Es bedeutet nicht, dass wir jeden Gedanken neu erfinden müssen, ohne jemals von anderen lernen zu können. Wenn andere Menschen uns etwas lehren und uns Gründe liefern für ihre Ansichten, ist kein Fehlschluss darin zu sehen, wenn wir die Ansichten akzeptieren. Wir akzeptieren sie dann nicht aufgrund der Autorität des

Lehrers, sondern weil wir die Gründe und logischen Zusammenhänge erkennen können.

Es wird dann zu einem Fehlschluss, wenn allein die bloße Tatsache, dass andere Leute etwas glauben, uns ausreichend erscheint, und wenn keine weiteren Gründe gefordert werden. In anderen Worten, wenn wir Ideen des Zeitgeistes übernehmen, ohne dass wir einen Beweis dafür verlangen.

<u>Max</u>: „In der Wissenschaft sind die Theorien immer wieder überholt."

<u>Ryan</u>: „Ja, und wir verachten dadurch die alten Wissenschaftler, deren Theorien wir überholt haben, überhaupt nicht. In der Philosophie aber bleiben die Anhänger der verschiedenen Philosophen diesen treu. Sie tun der Philosophie dadurch unrecht."

<u>Max</u>: „Wieso?"

<u>Ryan</u>: „Wenn die alten Philosophen heute hier lebten, würden sie ihre Bücher durchsehen und völlig neu schreiben. Nichts bleibt unverändert. Wenn die Philosophen hier wären, würden sie nicht unverändert wiederholen, was sie vor Jahrhunderten geschrieben hatten."

<u>Max</u>: „Die Schriften sind doch Jahrzehnte später von den Schülern der jeweiligen Lehrer aus der Erinnerung heraus geschrieben worden."

<u>Ryan</u>: „Ja. Aber wären sie heute noch aktuell, wenn sie direkt von Tonbandaufnahmen abgeschrieben worden wären? Meine Vorträge vor 14 Jahren waren mitgeschnitten worden. Aber dieses Buch hier, das auf jenen Gesprächen basiert, ist ganz anders und hat wenig gemeinsam mit den abgetippten Schriften.

Schade, wenn wir diese abgetippten Schriften nach tausend Jahren noch als große Wahrheit betrachten würden."

Max: „Dennoch ist nicht alles überholt und reif für das ‚Museum der überholten Ideen'."

Ryan: „Absolut. Das ist unsere Aufgabe, die Ideen zu untersuchen. Die Akademiker haben versagt. Sie sind von der Vergangenheit gefesselt und können nicht denken."

Max: „Das ist Argumentum ad Hominem!"

Ryan: „Stimmt."

Max: „Auf jeden Fall brauchen wir neue Ideen. Wir brauchen neue heilige Schriften."

Ryan: „'Die große Verklärungsrede Christi' ist ein Versuch, eine Neuevangelisierung für das 21. Jahrhundert zu präsentieren."

Max: „Dies Büchlein? Das ist ein schönes Buch, aber es als Heilige Schrift zu betrachten ist eine Anmaßung. Ich finde, die Schriftgelehrten sollen die neuen Schriften schreiben. Du bist kein Akademiker."

Ryan: „Das ist Argumentum ad Hominem!"

Max: „Stimmt!"

Ryan: „Einen Anfang muss man machen. Weder ‚Sophies Welt' noch ‚Conversations with God' erzählen etwas Neues. Aber die Autoren hatten Mut, das Interesse der Menschen an diesem Thema zu wecken. Dies hat auch mir Mut gemacht, ‚Die große Verklärungsrede Christi' zu schreiben. Das gibt anderen Menschen Mut, noch bessere Bücher zu schreiben, die unsere Bücher überholen. Für mich ist es eine Ehre, wenn ich jemanden dazu inspiriert habe, sich auf meine Schultern zu stellen und weitere Erkenntnisse zu machen."

Max: „Wie würde Christus heute gesprochen haben? Oder Platon, Hume, Kant usw.?"

Ryan: „Ich weiß es nicht. Aber ich habe einen Versuch gemacht. Christus würde wahrscheinlich gesprochen haben wie in der ‚großen Verklärungsrede Christi'. Eine Anmaßung, gewiss. Aber ein wichtiges Werk eines anderen Autors wird mein Buch überholen. Und sein Werk wird durch ein anderes überholt werden. Und so weiter. Genau wie in der Wissenschaft. Wir verehren z.B. Lavoisier, obwohl seine Phlogiston-Theorie schon überholt ist."

ARMUT

Max: „Ist es richtig, der Welt zu entsagen?"

Ryan: „Manche Esoteriker empfehlen, allem zu entsagen, um das Bewusstsein zu erhöhen. Der schnellste Weg zu Gott sei, arm zu sein, meinen sie. Aber es gibt Millionen Menschen in der Welt, die arm sind und kein höheres Bewusstsein haben. Demgegenüber gibt es sicher arme Menschen mit höherem Bewusstsein, jedoch sind sie nicht durch Armut zu diesem höheren Bewusstsein gelangt. Es ist ein Fehlschluss, zu glauben, man könne durch Armut zu höherem Bewusstsein gelangen.

Es war einmal ein Mann, der saß am Strand und vergrub sein Gold im Sand. Er markierte den Platz, indem er sich die Wolke merkte, die gerade darüber stand. So glaubte er, dass sein Gold sicher war und er es jederzeit finden könne. Er ist wie der Mann, der glaubt, sicher zu sein, dass er durch Armut Gott näher kommen könne."

Max: „Aber Christus war auch arm."

Ryan: „Er hatte auch Brot gegessen. Er hatte auch Sandalen getragen. Er hat auch das Haar lang getragen. Und? Es gab Tausende in Galiläa, die arm waren wie Christus, Tausende, die Brot gegessen hatten wie Christus, Tausende, die einen langen Haarschnitt hatten wie Christus. Heißt es, dass sie alle Christusbewusstsein hatten? Christus hatte nicht deshalb ein hohes Bewusstsein gehabt, weil er arm war. Denn Millionen sind arm. Er hatte nicht deshalb ein höheres Bewusstsein, weil er Brot gegessen hatte, denn Millionen essen Brot."

ASHRAM

Max: „Und wie ist es mit dem Leben in einem Ashram?"

Ryan: „Zu Buddhas Zeiten war der Aufenthalt in einem Ashram wie Urlaub, weil die Suchenden zu Hause einsam und ohne Unterhaltung waren. Deswegen haben sie im Ashram eigentlich nichts entsagt. Vielmehr genossen sie Gesellschaft und Versorgung."

ASKESE

Max: „Also bringt Askese die Menschen nicht näher zu Gott?"

Ryan: „In vielen Büchern wird geschrieben, dass Askese das höchste Ideal sei. Die Autoren glauben, dass sie Gott damit schmeicheln und Sein Liebling werden. Was für eine Idee haben diese Schriftsteller von Gott! Sie glauben, es könnte Ihm gefallen, wenn wir uns kasteien? Aber Gott will nur, dass es uns gut geht und dass wir glücklich sind. Und wann geht es uns wirklich gut? Wenn wir innerlich und äußerlich überreich sind und die Fülle haben."

AUFRICHTIGKEIT

Max: „Du sagst, Aufrichtigkeit sei eine Tugend. Aber meine Freundin war beleidigt, als ich ihr aufrichtig sagte, dass ihr neuer Haarschnitt hässlich sei."

Ryan: „Wenn wir voll Liebe sind, dann ist alles, was wir sagen, liebevoll. Wenn wir mit Aufrichtigkeit sagen: „Du hast eine hässliche Nase!", dann stammt diese Aufrichtigkeit nicht von unserer Liebe. Aufrichtigkeit bedeutet nicht, dass wir andere verletzen müssen. Liebe ist wertehierarchisch höher angesiedelt als Aufrichtigkeit, d.h. Aufrichtigkeit gilt nicht als Tugend, wenn sie nicht von Liebe begleitet ist.

Aufrichtigkeit setzt Mut voraus. Einfacher, als an Wahrheit zu glauben, ist es, an das zu glauben, was die Mehrheit glaubt. Wenn die Mehrheit recht hat, ist es gut. Wenn nicht, braucht man Mut, aufrichtig zu sein. Wie der kleine Junge in der Geschichte von ,Des Kaisers neue Kleider', der aufrichtig war. Er glaubte nicht der Mehrheit, als er sagte: ,Der Kaiser hat ja gar nichts an.'"

AUTISTISCHE KINDER

Horchtherapie:
Deutsche Fachgemeinschaft für Audio-Psycho-Phonologie, Nürnberger Str. 18, 91207 Lauf

Tomatis-Therapie
Tomatis-Institut, Büschstr. 12, 20354 Hamburg,

Ein Buch für Eltern und Erzieher:
,Ein neuer Tag' von Barry Kaufman.

BALANCE

Max: „Du sagst, wir sollen gewissenhaft arbeiten. Aber wir können nicht den ganzen Tag arbeiten!"

Ryan: „Im Leben gibt es Balance. Es gibt Aktivität. Durch Aktivitäten bist du mit dem Universum verbunden. Du erlebst den Zauber des Universums und hast Kontakt mit ihm. Aber es gibt auch Ruhe. Ruhe hilft dir, das Leben zu genießen, dich zu fühlen, dich zu empfinden. Nur Aktivität oder nur Ruhe ist einseitig und macht krank und unglücklich. Beziehe den dritten Aspekt mit ein, den Rhythmus. Der Rhythmus von sich abwechselnder Aktivität und Ruhe hält dich im Gleichgewicht."

BEDINGUNGSLOSE LIEBE

Ryan: „Viele sagen, dass es erstrebenswert sei, bedingungslose Liebe zu haben. Aber solche Liebe existiert auf der Erde nicht."

Max: „Das ist aber traurig. Alle suchen danach. Psychoanalytiker schwören darauf. Sie wird besungen in Liedern, erträumt in Gedichten, ersehnt von allen Menschen. Suchen wir etwas, das es nicht gibt?"

Ryan: „Als Menschen sind wir vergänglich. Weil Menschen vergänglich sind und deshalb ihr Leben gefährdet sein kann, und weil sie freien Willen haben, können sie Böses tun. Ein Mensch, der Böses tut, könnte unser Leben gefährden. Bedingungslose Liebe wäre nur möglich, wenn alle Menschen gut handeln würden."

BEDÜRFTIGKEIT

Max: „Wäre es eine gute Idee, wenn wir die Menschen dazu zwingen würden, den Bedürftigen zu helfen?"

Ryan: „Wenn wir ein rationales Gesellschaftssystem haben, gibt es keine Bedürftigkeit. Es gibt natürlich dann auch Bedürftige, aber viel weniger. Die Menschen sind von ihrer inneren Natur her gut und sie sind gerne bereit, anderen freiwillig zu helfen. Wenn jemand gezwungen wird, einem Bedürftigen eine Spende zu geben, wird dieser nicht aus seiner Bedürftigkeit befreit, weil die Schwingungen dieser Zwangsabgabe eine negative Wirkung auf ihn haben. Ich war arm, und ich bin dankbar, dass niemand gezwungen worden war, mir zu helfen. Ich wäre dann wahrscheinlich arm geblieben."

BEGRÜNDUNG

Ob etwas richtig ist, müssen wir prüfen, wir müssen alles begründen. Dafür gibt es logische und wissenschaftliche Methoden. Wenn meine Gefühle anders sind als die meines Nachbarn, wessen Gefühle sind dann richtig? Wenn eine Zeitschrift ‚Hü' schreibt und eine andere Zeitschrift ‚Hott', sollen dann die Gefühle darüber entscheiden, welche Zeitschrift Recht hat? Gefühle sind kein Maßstab für Richtigkeit.

BESTÄNDIGKEIT

Wenn wir etwas gewählt und uns dafür entschieden haben, dann ist es richtig, diesem Ziel zu folgen! Wir sollten nicht nach Entschuldigungen suchen, davon zurückzutreten. Wenn wir beständig sind, dann haben wir diese Entscheidung als Leitfaden, wenn es Zweifel und Schwierigkeiten gibt. Er wird uns durch die Schwierigkeiten führen.

BETEN

Wenn wir eine Lösung für ein Problem suchen, ist es sinnvoll, zu beten. Es gibt keine Gebetsformel. Man kann beten, wie wenn man mit einem guten Freund spricht. Wir danken für alles Gute in der Welt und legen die Lösung unseres Problems vertrauensvoll in Gottes Hände. Beten gibt uns Kraft und wir empfangen die höheren Schwingungen des Universums, die uns helfen. Das Universum verbindet uns mit Personen oder Ereignissen, die uns zu unserem Ziel führen oder uns Antwort auf unsere Fragen geben. Wenn wir beten, wenn es uns schlecht geht, dann geht es uns hinterher besser. Wenn wir beten, wenn es uns gut geht, dann geht es uns hinterher noch besser.

BEGRENZUNG

(aus: Pedro de Souza: Der Ozeanfrosch, Verlag MAY)

> Es war einmal ein Frosch vom Ozean. Der machte einen Landausflug und fiel aus Versehen in einen Brunnen. Der Brunnenfrosch begrüßte ihn und wollte wissen, woher er komme. „Ich komme vom Ozean", sagte der Gast. - „Wie groß ist der Ozean?" wollte der Brunnenfrosch wissen. „Ist er so groß?" Und er machte einen Hopser, um die Größe anzudeuten. - „Nein, viel größer", sagte der Frosch vom Ozean. Da sprang der Brunnenfrosch bis zur Hälfte des Brunnens. „Ist der Ozean so groß?" - „Nein", sagte der Gast, „er ist noch viel größer." Da sprang der Brunnenfrosch auf die andere Seite des Brunnens. „Ist er etwa so groß?" fragte der Brunnenfrosch nun schon etwas ungehalten. - „Nein, das reicht auch noch nicht", antwortete der Ozeanfrosch. Da wurde der Brunnenfrosch böse. „Du Lügner! Wie kann etwas größer sein als mein Brunnen!"

Wenn wir wie der Frosch in dem Brunnen sind, begrenzen wir uns selbst. Wir sind ‚Ozeanfrösche', aber wir bauen einen Brunnen in den Ozean. Unser Potenzial ist jedoch unendlich.

BEOBACHTUNG

<u>Max</u>: „O.K. Askese und Entsagung führen nicht zu höherem Bewusstsein. Aber führt die Beobachtung des Selbst zu höherem Bewusstsein?"

<u>Ryan</u>: „Manche Menschen denken, sie erlangen höheres Bewusstsein durch Beobachtung. Wach sein heißt, bewusst zu sein. Aber heißt das, wenn wir bewusst sein wollen, dass wir unsere Bewegungen im Körper beobachten sollen? Ein Sportler kann dadurch unnötige Bewegungen abbauen und seine Energien für die wichtigen Bewegungen einsetzen. So kann er leistungsfähiger werden. Ein Redner, der nervöse Bewegungen ausführt, kann sich durch Selbstbeobachtung so sehen, wie die Zuhörer ihn sehen. Dadurch kann er Bewegungen abbauen, die die Zuhörer amüsieren, wenn er sich z.B. während seiner Rede dauernd die Hände reibt. Ein Klavierspieler spielt bewusst mit seinen Fingern, später spielen die Finger alleine, wie von selbst. Eine Sekretärin schreibt am Computer und gleichzeitig führt sie ein Gespräch. Aber Beobachtungen können nicht Unterricht ersetzen. Ich kann beobachten so viel ich will, ohne Unterricht werde ich nicht wissen, ob die Bewegungen falsch oder richtig sind. Man kann seine Körperbewegungen ein ganzes Leben lang beobachten. Was hat es dann gebracht außer einem besseren Körperbewusstsein? Führt das zu höherem Bewusstsein?

Höheres Bewusstsein oder Vollkommenheit bestehen u.a. aus Liebe und Einsichten. Ein Mensch erhöht sein Bewusstsein, indem er die Zusammenhänge zwischen den verschiedenen Dingen einsieht. Ein Wald besteht aus vielen Bäumen, aber diese Bäume dürfen nicht zu weit auseinander stehen, sonst ist es kein Wald mehr. Zusammenhänge können wir erst dann erkennen, wenn wir genügend Fachkenntnisse über Einzelbereiche gesammelt haben.

Ein Landwirt beobachtet die Natur und lernt viel darüber, aber ein Biologe weiß mehr. Woher weiß der Biologe so viel? Der Biologe hatte von anderen gelernt, d.h. er hatte Unterricht bei anderen genommen, dadurch konnte er wesentlich mehr Wissen integrieren, als wenn er nur alleine die Natur beobachtet hätte. Ein Student kann in beispielsweise einem Semester so viel gelernt haben, wie er alleine ohne Studium nicht in jahrhundertelanger Beobachtung gelernt hätte.

Nachdem wir uns mit einem Problem intensiv beschäftigt haben, indem wir ausreichend Informationen gesammelt haben, wird der Kontakt zum Heiligen Geist angezapft. Die Beschäftigung mit dem Problem ist der Anruf an den Heiligen Geist. Das tut jeder Wissenschaftler und Künstler. Danach legt er sein Problem beiseite und tut etwas anderes. Er betet zum Beispiel, geht spazieren oder spielt Klavier. Dann kann der Heilige Geist seinen Anruf entgegennehmen und ihm die für die Lösung notwendigen Einsichten geben.

<u>Max</u>: „Aber verstehen wir uns und das Problem nicht besser, wenn wir unsere Gefühle und Gedanken beobachten?"

Ryan: „Ja, das ist hilfreich, aber führt es zu höherem Bewusstsein? Wenn ich meine Gefühle beobachte und feststelle, dass ich deprimiert bin, und mir dann über meine Gedanken bewusst werde, die ich unmittelbar vor meinem Traurigkeitsgefühl gehabt hatte, kann es zweifellos behilflich sein, dies zu beobachten. Ich kann dann die Zusammenhänge zwischen den Gedanken und den daraus folgenden Gefühlen sehen. So kann ich unerwünschte Gefühle ausschalten, indem ich die Gedanken beobachte, die unmittelbar vor meinem Traurig-keitsgefühl in mir vorgeherrscht hatten, und diese negativen Gedanken durch meine stärkenden, positiven Gedanken ersetzen, die dann die von mir gewünschten Gefühle erzeugen. Durch Beobachten kann ich dann in Zukunft die Gedanken erkennen, die zu diesen unerwünschten Gefühlen führen. So kann ich meine Gefühle meistern. Beobachtung ist also empfehlenswert, aber sie hat noch niemanden zu höherem Bewusstsein geführt. Es ist die Einsicht, die zu höherem Bewusstsein führt.

BETRUG

Wenn wir jemanden betrogen haben, verändert sich unsere Aura. Bestimmte Leute merken das. Der Verstoß gegen die eigenen Werte schadet einem selbst. Genauso merken die Leute, wenn wir glaub-würdig sind.

Ich war einmal in Bombay und kaufte Trauben von einem Verkäufer in einer sehr belebten Straße. Ich gab ihm einen großen Geldschein, aber er konnte kein Kleingeld zurück geben. Ich sagte zu dem Verkäufer: „Bleiben Sie hier, ich gehe in einen Laden und hole Kleingeld, behalten Sie die Trauben bei sich." „Ist gut, nehmen Sie die Trauben ruhig mit", sagte er, „ich bleibe hier." Ich ging, holte das Kleingeld und kam zurück. Als ich dem Verkäufer das Geld bezahlte, fragte ich ihn: „Fürchteten Sie nicht, dass ich nicht zurück komme? Sie hätten mich doch in diesen Menschenmassen nie finden können!" Er lächelte mich an und sagte: „Ich hatte absolut keine Angst, ich wusste, dass Sie kommen würden."

BEWEIS

Den freien Willen und den Inhalt des Bewusstseins kann man nicht beweisen. Ein Beweis setzt freien Willen bereits voraus. Freier Wille nämlich ist dafür verantwortlich, dass es auch anders sein könnte, weshalb der Beweis gefordert wird. Er ist also die Wurzel für die Notwendigkeit von Beweisen. Freier Wille kann nicht angegriffen werden, ohne dass der Angreifer selbst den freien Willen benutzt, womit er ihn beweist.

BEWUSSTHEIT

Bewusstheit ist das Gegenteil von Konditionierung. Wenn wir uns unserer gewohnten Wege bewusst sind, dann sehen wir, ob wir sie gehen, weil sie nützlich und vorteilhaft sind, oder ob wir sie nur deshalb gehen, weil wir es so gelernt haben.

BEWUSSTSEIN

Bewusstsein ist unabhängig von der Materie. Bewusstsein ist ein fundamentaler Anfangspunkt. Das Bewusstsein selbst hat Identität. Identität ist das Grundelement von Bewusstsein.

Bewusstsein ist die Fähigkeit, die Existenz, die Realität richtig wahrzunehmen. Sie hat nur eine gültige Identität. Diese im handelnden Umgang mit der Existenz herauszufinden, zu lernen, richtig mit ihr umzugehen und dadurch unser Bewusstsein zu erhöhen, ist der tiefste Sinn des menschlichen Lebens auf der Erde. Haben wir die Wahrheit über die Identität der Existenz erkannt und können sie handelnd richtig anwenden, dann sind wir mit der selben Freude erfüllt, mit der Gott seine Schöpfung ins Leben ruft. Wissen entsteht nicht automatisch, sondern ist bei jedem Menschen das Ergebnis seines freien Willens.

Was bedeutet ‚freier Wille'? Jeder Mensch hat in jedem Augenblick die Macht zu wählen, auf welchen Gegenstand der Realität er seine Aufmerksamkeit richten will. Bewusstsein ist Aktivität. Es ist kein Spiegel, der passiv die Realität reflektiert. Passiv ist die Realität. Sie ist einfach nur da und drängt sich nicht auf. Die Aktivität muss vom Bewusstsein ausgehen, um die Gesetze der Existenz zu erkennen, sie zu durchschauen und richtig anzuwenden.

<u>Max</u>: „Gibt es Bewusstsein ohne Objekte, deren man sich bewusst ist?"

<u>Ryan</u>: Das Bewusstsein muss sich auf etwas konzentrieren. Bewusstsein heißt, von etwas bewusst

zu sein. Reines Bewusstsein, ein Bewusstsein, das von nichts bewusst ist, ist ein Mythos."

BEZIEHUNG

Eine Beziehung ist eine Zusammenarbeit zwischen Individuen, und es gibt einen Austausch auf emotionalem, spirituellem und intellektuellem Gebiet. Als Ergebnis gibt es Wachstum und Bereicherung des Lebens für die Beteiligten.

Folgende Punkte sind wichtig für eine erfolgreiche Beziehung:

1. Sie müssen beständig sein in der Beziehung und vorhaben, sie aufrecht zu erhalten.

2. Sie müssen liebevoll miteinander kommunizieren.

3. Machen Sie Komplimente. Auch die Frau dem Mann. Aufrichtige Komplimente. Finden Sie etwas am Partner, das Ihnen gefällt.

4. Umwerben Sie den Partner. Hören Sie nicht auf damit. Auch wenn Sie 60 Jahre verheiratet sind. Nehmen Sie den Partner nicht für selbstverständlich.

5. Drohen Sie nie damit, Ihren Partner zu verlassen.

6. Leiten Sie ein Gespräch nicht ein mit den Worten: „Ich muss endlich mit dir reden ..... Du willst doch, dass ich die Wahrheit sage .. Ich habe dir etwas zu sagen .... Schon lange wollte ich dir sagen, obwohl es mich schmerzt ...Das

wollte ich dir sagen: ...". Solche Sätze lösen beim Partner Gefühle der Unsicherheit und Bedrohung aus. Er weiß nicht, was kommt. Sagen Sie einfach direkt, was Sie sagen wollen, ohne Ouvertüre.

7.   Wenn ein Partner brüllt, brüllen Sie nicht zurück.

> Es war einmal ein Schaf. Es trank Wasser von einem Teich. Der Teich war am Fuß eines Hügels. Vom Hügel kam ein Wolf. Der Wolf sagte: „Warum trinkst du das Wasser? Du machst es schmutzig." Das Schaf antwortete: „Wie kann ich das Wasser schmutzig machen? Du bist oben, du machst es schmutzig. Das Wasser fließt von oben nach unten, ich bin unten, ich kann es nicht schmutzig machen." Der Wolf sagte: „Aber deine Schwester hatte mich beleidigt." Darauf das Schaf: „Ich habe keine Schwester." - Wolf: „Aber dein Bruder hatte mich beleidigt." Wieder sagt das Schaf: „Ich habe keinen Bruder." Nun sagt der Wolf: „Du hast recht, aber ich fresse dich trotzdem."

8.   Seien Sie nicht zu lange in einem Raum zusammen. Wenn man zu lange zusammen ist, dann fühlt sich jeder vom anderen eingeengt. Dann trennt man sich vorübergehend vom Partner. Nach der Trennung kommt wieder die Sehnsucht. Eingeengt sein und Sehnsucht zu haben sind der Nord- und Südpol einer Beziehung. Berücksichtigen Sie diese Polarität. Seien Sie bewusst zusammen und bewusst alleine in rhythmischer Harmonie. Wenn Sie

bewusst sind, erkennen Sie den besten Zeitpunkt für den rhythmischen Wechsel bevor der Frust Sie dazu zwingt.

Sie wollen Ihre traumhafte Beziehung verwirklichen? Dann müssen Sie etwas tun. Mann und Frau können zusammen leben und sie können glücklich sein, – nicht für zwei oder fünf Jahre, sondern für 250 Jahre und mehr! Behandeln Sie alle Menschen wie sehr wichtige Personen. Das ist Liebe. Jeder ist ein Gott, eine Göttin. Deshalb sollen Sie jeden auch so behandeln. Machen Sie es sich zur positiven Gewohnheit! Dann ziehen Sie das Glück an.

Herr und Frau Coughlan aus Tullamore in Irland waren 80 Jahre verheiratet und hatten nie einen Streit (Ripley's ‚Believe It or Not'). Ich meine nicht, dass es richtig sei, nie zu streiten. Aber nicht zu viel. Für einen Tag Streit soll es mindestens sieben Tage sehr liebevolles Miteinander geben. Dann ist eine Beziehung auf dem richtigen Weg.

BLUTBANK

Wenn ein Patient noch genügend Eigenblut hat, dann kann eine isotone Kochsalzlösung als Volumenersatz dienen. So kann man bei Blutknappheit bei den weniger schweren Fällen Blut sparen, um für die schweren Fälle mehr Blut zur Verfügung zu haben.

BÖSE

<u>Max</u>: „Kannst du mir sagen, was Böses ist?"

Ryan: „Böse ist, was das Leben gefährdet. Gewalt ist z.B. böse, weil sie das Leben gefährdet."

BROT UND WEIN

Beim Abendmahl, das Jesus mit seinen Jüngern gefeiert hatte, wurde das Brot geteilt, und jeder von den Jüngern nahm ein Stück davon. Das Brot stellt die geistigen Vitalstoffe, d.h. die Einsichten und Weisheiten dar, die zu ‚Metanoeo', zur Verwandlung des Geistes und zu Erkenntnissen der Wahrheit führen. Das Blut stellt den Heiligen Geist dar, der zur Entkonditionierung der falschen Gedanken führt.

BÜCHERGLAUBE

Aesop: Es war einmal ein Hase, der einen Wettbewerb mit einer Schildkröte hatte. Der Wettlauf begann und der Hase lief los. Nach einiger Zeit dachte er: „Ich gewinne sowieso, sie ist zu langsam. Ich werde mich ein wenig ausruhen." Und er legte sich ins Gras und schlief. Die Schildkröte ging langsam und beständig weiter. Als sie schon fast am Ziel war, wachte der Hase auf. Er erschrak und nahm seine Beine unter den Arm. Aber er konnte die Schildkröte nicht mehr einholen. Die Schildkröte war die Siegerin.

Max: „Man kann ruhig langsam sein, aber stetig. Dann kommt man bestimmt ans Ziel."

Ryan: „Ja. Und wir sollten das, was in den Büchern steht, überprüfen, bevor wir es glauben. Um dies zu verdeutlichen hat James Thurber, Autor des Buches ‚75 Fabeln für Zeitgenossen' die folgende Geschichte zu der Fabel von Aesop erzählt:

Eine Schildkröte des 20. Jahrhunderts liest diese Geschichte. „Ah, hier steht, dass eine Schildkröte einen Wettlauf gegen den Hasen gewonnen hat. Dann kann ich das auch!" - Die Schildkröte fordert einen Hasen zu einem Wettkampf heraus. „Wir wollen sehen, wer schneller laufen kann." - Der Hase ist verdutzt. „Habe ich dich richtig verstanden? Meinst du laufen?" - „Ja, du hast richtig gehört!" - „Glaubst du wirklich, du hast eine Chance gegen mich?" - „Willst du, oder willst du nicht?!" forderte die Schildkröte den Hasen schließlich energisch heraus. „Oder hast du Angst vor mir?" Also machte der Hase mit. Am nächsten Tag haben sich alle Tiere des Dschungels versammelt, um den Wettlauf zu sehen. Auf die Plätze – fertig – los! Der Hase fliegt geradezu ins Ziel, da ist die Schildkröte gerade einen halben Meter vorangekommen. „Aber ich habe doch in dem Buch gelesen, dass ich gewinne!" verwunderte sich die Schildkröte."

CHARAKTER

Wir formen unseren Charakter, indem wir unsere Werte gewinnen, und indem wir Tugenden praktizieren. Charakter ist für den Erfolg genauso wichtig wie Fachkenntnisse.

CHIHUAHUA

Es gibt zwei Arten von Chihuahua-Hunden. Das Bellen des einen lindert Asthma.

Max: „Was du nicht sagst! Und wie kommt das?"

Ryan: „Ich habe den empirischen Erfolg in den USA gesehen. Aber eine theoretische Erklärung überlasse ich den Wissenschaftlern."

Max: „Ein Kranker sucht nicht primär nach der Erklärung. Es ist ihm wichtig, dass etwas hilft."

Ryan: „Aeger medicum eloquentem non quaerit. ‚Ein Kranker sucht keinen Arzt, der viel redet'.

Max: „Trotzdem würde ich mich für die Erklärung interessieren."

Ryan: „Ein guter Arzt hilft und erklärt."

CHRISTUSBEWUSSTSEIN

Der echte Wachzustand ist der Zustand des Christusbewusstseins. Dort gibt es keinen Glauben, kein Dogma, sondern wir sind wach. Wir haben Liebe, Weisheit (Discretio und Einsichten) und sind frei von falschen Konditionierungen.

CODEX ALIMENTARIUS

Gesetzentwurf, der versucht, alle Lebensmittel-ergänzungen, wie Vitamine, Mineralien und Kräuter apothekenpflichtig zu machen. Der Grund dafür ist, dass eine Überdosis schädlich sein kann. Doch eine

Überdosis Alkohol, Essig, Salz, Zucker usw. kann auch schädlich sein.

Max: „Ist es nicht gut, die Menschen zu ihrem Glück zu zwingen? Vielleicht können manche Menschen die Verantwortung für sich gar nicht tragen? Vielleicht würden sie sich ruinieren."

Ryan: „Glück entsteht nur in Freiheit. Paracelsus sagte, eine Substanz ist ein Lebensmittel oder ein Gift, die Dosis entscheidet. Zigaretten können schädlich sein genau wie Vitamine, Salz, Essig, Alkohol, Zucker usw. Aber Zigaretten sind nicht apothekenpflichtig. Doch sie haben einen Warnhinweis auf der Packung. Man muss Salz, Essig, Vitamine usw. auch mit Warnhinweisen auf der Packung verkaufen. So sind die Menschen beschützt und gleichzeitig bleibt ihre Entscheidungsfreiheit respektiert."

DANKBARKEIT

Dankbarkeit ist ein Mittel, um innere Ruhe zu erlangen. Lachen, dankbar sein und beten sind Ausdrucksformen von Glückseligkeit. Wir können immer Gründe finden, um traurig zu werden. Aber immer können wir auch Gründe finden, um glücklich zu sein. Wir können für so viele schöne Dinge dankbar sein, wenn wir sie wahrnehmen.

Max ging mit seinem Freund und seinem Hund an einen See zum Enten jagen. Die erste Ente, die er schoss, fiel in den See. Max schickte seinen Hund, dass er den Vogel holen solle. Der Hund lief auf dem Wasser, holte den Vogel und brachte ihn seinem Herrchen. Max fragte seinen

Freund: „Hast du etwas Wunderbares gesehen?"
-„Ach ja, natürlich! Warum habe ich daran nicht
gedacht? Es ist das erste Mal, dass ich einen
Hund gesehen habe, der nicht schwimmen
konnte."

Wir sind oft wie der Freund in der Geschichte. Jeden
Tag geschehen Wunder, und wir erkennen sie nicht.
Wachen Sie jeden Morgen mit einem Gefühl der
Dankbarkeit auf, seien Sie glücklich und erwarten
Sie, dass alles gut gehen wird.

DEMOKRATIE

Demokratie ist ein Regierungssystem, in dem die
Mehrheit über die Minderheit herrscht. Ein Beispiel
für Demokratie ist das alte Griechenland: Die
Demokratie hatte Sokrates verurteilt, und warum?
Weil die Mehrheit der Bürger behauptete, dass
Sokrates einen unsittlichen Lebenswandel führt und
weiter wegen Verführung der Jugend, so lautete die
Anklage. Sokrates hatte keine Gewalt benutzt und
auch die Rechte von niemandem verletzt.
Demokratie ist besser als Diktatur, aber man muss
nach den richtigen Prinzipien gehen, nicht nach der
Mehrheit.

DEMUT

Demut heißt nicht „Tritt mich härter". De*mut* heißt,
wir sind stolz auf unsere Leistungen und gleichzeitig
bewusst darüber, dass wir immer noch mehr leisten
können, als wir bisher geleistet haben. Wenn man

sagt: „Ich kann zwanzig Sprachen, aber ich hätte fünfundzwanzig lernen können" – das ist Demut.

DES KAISERS NEUE KLEIDER

<u>Max</u>: „Kannst du ‚Konditionierung' erklären?"

<u>Ryan</u>: „Wenn wir an etwas glauben, weil alle daran glauben und nicht wagen, es in Frage zu stellen, dann sind wir konditioniert wie die Leute, die an des Kaisers neue Kleider geglaubt hatten."

> Vor vielen Jahren lebte ein Kaiser, der ungeheuer viel auf neue Kleider hielt. An einem Tag kamen zwei Betrüger, die gaben sich für Weber aus und sagten, dass sie den schönsten Stoff, den man sich denken könne, zu weben verstanden. Die Farben und das Muster seien nicht nur ungewöhnlich schön, sondern die Kleider, die aus dem Stoff genäht würden, sollten die wunderbare Eigenschaft besitzen, dass sie für jeden Menschen unsichtbar seien, der nicht für sein Amt tauge oder unverzeihlich dumm sei.

> ‚Das wären ja prächtige Kleider', dachte der Kaiser; wenn ich solche hätte, könnte ich dahinterkommen, welche Männer in meinem Reiche zu dem Amte, das sie haben, nicht taugen, ich könnte die Klugen von den Dummen unterscheiden!' Er gab den beiden Betrügern viel Geld, damit sie ihre Arbeit beginnen sollten. Diese stellten auch zwei Webstühle auf, taten, als ob sie arbeiteten, aber sie hatten nicht das geringste auf dem Stuhl.

Der König wollte wissen, wie die Arbeit voran
ginge und schickte nach und nach immer wieder
einen Minister zu den Webern, damit sie die
Arbeit überprüften. Aber keiner der Minister
konnte den Stoff sehen. Dennoch wollten die
Minister das auf keinen Fall zugeben und
berichteten dem König von der wunderbaren
Arbeit.

Nun wollte der Kaiser den Stoff selbst sehen. Mit
einer ganzen Schar auserwählter Männer ging er
zu den beiden listigen Betrügern hin, die nun aus
allen Kräften webten, aber ohne Faser oder
Faden. „Ja, ist das nicht prächtig?" sagten die
Minister, die dem König zuvor bereits berichtet
hatten. „Wollen Eure Majestät sehen, welches
Muster, welche Farben?", und dann zeigten sie
auf den leeren Webstuhl, denn sie glaubten, dass
die andern das Zeug wohl sehen könnten.

‚Was!' dachte der Kaiser; ich sehe gar nichts!
Das ist ja schrecklich! Bin ich dumm? Tauge ich
nicht dazu, Kaiser zu sein? Das wäre das
Schrecklichste, was mir begegnen könnte.' „Oh,
es ist sehr hübsch", sagte er; „es hat meinen
allerhöchsten Beifall!" und er nickte zufrieden
und betrachtete den leeren Webstuhl; er wollte
nicht sagen, dass er nichts sehen könne. Das
ganze Gefolge, das er mit sich hatte, sah und sah,
aber es bekam nicht mehr heraus als alle die
andern, aber sie sagten das Gleiche wie der
Kaiser und sie rieten ihm, diese neuen Kleider
das erste Mal bei dem großen Feste, das
bevorstand, zu tragen.

Endlich nahte das Fest und der Kaiser zeigte sich
mit seinen neuen Kleidern dem Volk. Keiner

wollte es sich anmerken lassen, dass er nichts sah. „Aber er hat ja gar nichts an!" sagte endlich ein kleines Kind. – „Hört die Stimme der Unschuld!", sagte der Vater. Und der eine zischelte dem anderen zu, was das Kind gesagt hatte. „Aber er hat ja gar nichts an!", rief zuletzt das ganze Volk, das jetzt von den falschen Konditionierungen und dem falschen Glauben der Mehrheit befreit war.

DISCRETIO

Discretio ist Unterscheidungsvermögen. Entwickeln Sie Ihr Discretio. Ähnlich aussehende Dinge, die aber tatsächlich anders sind, können gefährlich sein. An den Früchten (Ergebnissen) der Bäume (Theorien) erkennen wir die Unterschiede. „Video Barbam et pallium, philosophum nondum video." (Ich sehe den Bart und den Mantel eines Philosophen, den Philosophen sehe ich aber nicht.) Früher hatten die echten, Weisheit suchenden Philosophen Bart und Mantel getragen. Andere wollten ebenso als Philosophen anerkannt werden. So hatten sie die Barttracht und den Mantel der Philosophen nachgeahmt, ohne selbst Weisheit suchende Philosophen zu sein. Bart und Mantel machen einen Philosophen jedoch nicht aus. Verwechseln Sie nicht Ursache und Wirkung. Bart und Mantel sind nicht Ursache der Weisheit. Wer Discretio besitzt kann den echten von dem falschen Propheten unterscheiden, egal ob dieser Bart und Mantel trägt oder nicht. Wer Discretio besitzt, kann ‚mit Vitaminen angereicherte Nahrung' unterscheiden von ‚probiotischer Nahrung'. Beispiel: Der Sauerteig sieht wie süßer Teig aus, wenn beide aber vermischt sind, verwandelt der Sauerteig den süßen Teig in einen sauren. Gift und Lebensmittel wie auch Wahrheit und Halbwahrheiten dürfen nicht vermischt werden. (aus: Pedro de Souza, ‚Evangelium 2000‘, Verlag MAY)

Max: „Aber unterschiedlich aussehende Dinge können auch ähnlich sein. Wasser und Eis zum Beispiel. Das Gegenteil von Discretio ist Einsicht.“

Ryan: „Ja. Durch Einsicht erkennen wir den Zusammenhang zwischen unterschiedlichen Dingen. Auch die Erkenntnis des Zusammenhangs zwischen Einsicht und Discretio ist eine Einsicht.“

Max: „Ich sehe eine Verbindung zwischen dem Konzept der Konditionierung und der Geschichte von ‚Des Kaisers Neuen Kleidern‘. Das ist auch Discretio.“

Ryan: „Das ist Einsicht, nicht Discretio. Hildegard von Bingen benutzt das Wort ‚Discretio‘ im Sinne von Balance, anders als wir. Wir üben wiederum Discretio, wenn wir die unterschiedliche Gebrauchsweise von Discretio bemerken.“

Max: „Oft benutzen die Menschen Wörter in unterschiedlichem Sinn, ohne zu wissen, dass sie über zwei verschiedene Dinge sprechen Wir müssen die Worte, die wir benutzen, richtig definieren. Das Wort ‚probiotisch‘ klingt gut. Probiotische Bakterien sind aber gen-manipuliert. Ein anderes Beispiel ist der Unterschied zwischen Vanille und Vanillin. Ich hatte eine Packung Süßigkeiten gekauft, bei der ‚Vanillin‘ einer der Bestandteile war. Vanillin ist künstlich hergestellt. Vanille ist eine Natursubstanz.“

Ryan: „Und d-alpha-tocopherol (Vitamin E) ist eine Natursubstanz, aber dl-alpha-tocopherol ist synthetisch!"

Max: „Was ist mit naturidentischen Substanzen?"

Ryan: „Es ist möglich, die gleichen molekularen Strukturen zu formen, die z.B. einen Apfelgeschmack ergeben. Durch Genmanipulation ist es möglich, einen süßen Geschmack herzustellen. Ananas z.B. kann gentechnisch süß gemacht werden. Hier ist eine Gelegenheit für uns, Discretio zu üben."

Max: „Aber süß ist süß, gen-manipuliert oder nicht."

Ryan: „Nur der Geschmack ist gleich. Aber die Bedeutung der Süße ist anders. Der Süßgeschmack in Karotten oder Ananas ist ein Kennzeichen für höheren Mineralgehalt. Süße Karotten im Gegensatz zu bitteren Karotten haben mehr Mineralien und sind gesünder. Aber gen-manipulierte Karotten sind süß, haben aber keine Mineralien. Mineralreiche Gurken, Zitronen, Obst faulen nicht. Sie trocknen aus und schrumpeln. Aber gen-manipuliertes Obst und Gemüse wird haltbar gemacht, dann ist es haltbar aufgrund seiner Manipulation, nicht wegen des reichen Mineralgehaltes wie in der Natur."

Max: „Warum lieben Kinder Süßigkeiten?"

Ryan: „Ihre Körper wachsen und brauchen viele Mineralien. Das Kennzeichen, womit der Körper mineralreiche Lebensmittel erkennt, ist der Süßgeschmack. Aber wir geben den Kindern nur Süßigkeiten. Diese Süßigkeiten haben jedoch keine Mineralien. Ich kann mir auch ein Diplom in Astronomie drucken lassen. Dann habe ich zwar ein

Diplom, das heißt aber nicht, dass ich ein Astronom bin. Ich kenne ja nicht einmal den Unterschied zwischen Rokoko und Gotik."

Max: „Das hat doch nichts mit Astronomie zu tun."

Ryan: „Eben! Aber ich habe ein Diplom in Astronomie."

Max: „Das ist in deinem Fall kein Kennzeichen für Kenntnisse in Astronomie. Genauso falsch, wie gen-manipulierte Lebensmittel."

DRITTE WELT

Max: „Die reichen Länder nutzen die Dritte-Welt-Länder aus. Deshalb sind diese arm."

Ryan: „Ich selbst komme aus der Dritten Welt. Ich höre, dass manche Menschen glauben, die reichen Länder lebten auf Kosten der Dritten Welt. Die Dritte Welt würde ausgebeutet. Ich wundere mich sehr darüber. Wären wir in der Dritten Welt reich, wenn die angeblichen Ausbeuter uns nicht ausgebeutet hätten? Wenn dann der Reichtum der Dritten Welt ausgebeutet sein wird, woher wird dann der Reichtum der reichen Länder kommen?

Die Ausbeutung findet statt, indem die Arbeitskräfte dort unterbezahlt sind. So hatte ich auch gedacht. Aber nicht alle Milliarden Menschen der Dritten Welt arbeiten für die reichen Länder. Wie viele Menschen sind es, die von den reichen Länder angestellt sind? Wenn nur zehntausend Leute angestellt und unterbezahlt sind, dann kann das Land dadurch nicht arm werden. Wie viele müssen angestellt und ausgenutzt werden, um ein Land in eine Dritte Welt umzuwandeln?

Warum sind die, die nicht für die reichen Länder arbeiten, dann nicht reich? Auch sie werden von ihren eigenen Landsleuten unterbezahlt. Würden sie für die reichen Länder arbeiten, wenn die eigenen Landsleute ihnen mehr geben würden? Vielleicht gibt es keine Arbeit und sie sind sonst arbeitslos. Und die reichen Länder geben ihnen die Arbeit.

Wenn die Arbeiter, die für die reichen Länder arbeiten, hoch bezahlt wären, wäre die Dritte Welt trotzdem nicht reich, sie würde nach wie vor arm bleiben. Wenn sie doppelt so viel wie die Arbeiter eines reichen Landes erhalten würden, würde die Dritte Welt dennoch nicht reicher werden. Auch vor der sogenannten Ausnutzung war die Dritte Welt nicht reich.

In Südostasien gibt es 80 Millionen Menschen, die unter der Armutsgrenze leben, obwohl sie nicht von den reichen Ländern angestellt und ausgenutzt werden. Wenn diese von den reichen Ländern angestellt wären, wäre es ein Hilfe, sogar wenn sie unterbezahlt wären. Zumindest würden die Arbeitgeber ihnen zweimal bis dreimal am Tag zu essen geben, weil sie sonst keine Kraft hätten, zu arbeiten, und außerdem etwas Geld."

<u>Max</u>: „Ich bin voll Barmherzigkeit für die 80 Millionen Menschen, die unter der Armutsgrenze leben. Ich möchte etwas für sie tun und nicht einfach die reichen Länder beschuldigen, um mein eigenes Schuldgefühl zu lindern, weil ich in einem reichen Land geboren bin."

Ryan: „Ich möchte auch, dass es allen Menschen gut geht. Doch die Ursache für die Armut dieser Länder liegt anderswo. Was die Ursache ist, ist außerhalb meiner Kompetenz. Tatsache ist, dass die reichen Länder nicht dafür verantwortlich sind."

DUALITÄT

Max: „Müssen wir die Dualität überwinden, um ein höheres Bewusstsein zu erreichen?"

Ryan: „Nein. Dualität ist Polarität. Es gibt keinen Nordpol ohne Südpol und keinen Tag ohne Nacht. Viele meinen, sie müssten die Dualität überwinden und z.B. unempfindlich gegenüber Hitze und Kälte sein. Möglicherweise können sie diese Härte erreichen, dennoch ist Unempfindlichkeit kein Kennzeichen eines höheren Bewusstseins. Es ist zwecklos, zu versuchen, die Dualität zu überwinden. Es ist ein unmöglich zu erreichendes Ziel. Es ist gegen die menschliche Natur, unempfindsam zu sein.

Die Energie kommt aus dem Logos und gibt der Natur das Leben. Materie und Geist gehören im Menschen zusammen. Man kann die Dualität nur überwinden, wenn man nicht mehr lebt. Aber ohne Leben können wir unser Bewusstsein nicht erhöhen. Unser Ziel ist es nicht, die Dualität zu überwinden, denn das wäre lebensverneinend, sondern unser Ziel ist es, das Leben zu bejahen und zu genießen, und im aktiven Umgang mit den anderen Menschen das eigene Bewusstsein zu erhöhen, indem wir die Höhen und Tiefen des Lebens erleben und die Tiefen meistern."

EGO

<u>Max</u>: „Weder Askese noch Selbstbeobachtung erhöhen das Bewusstsein. Was ist mit dem Ego? Ist es richtig, das Ego zu überwinden?"

<u>Ryan</u>: „Das Wort ‚Ego' kommt aus dem Lateinischen und bedeutet ‚Ich'. Das Ichgefühl ist das Ego, das Gefühl der Identität. Man sagt, das Ego stehe zwischen uns und Gott. Um ein hohes Bewusstsein zu erreichen, sei es notwendig, das Ego abzubauen. Um das zu erreichen, meinen die Leute, müsse man der Welt entsagen. Aber das stimmt nicht.

In Sanskrit gibt es zwei Wörter für Ego. Eins ist ‚Ahamkara'. Das ist das Ichgefühl, der Ich-Macher. Es ist der Teil in meinem Gehirn, der mir Identität vermittelt und das Bewusstsein ‚Ich bin nicht der Baum.'. Das andere Wort für das Ego ist ‚Asmita'. Das bedeutet ‚Ich-bin-heit.' Es ist das Gefühl des Seins, ein Zustand des Bewusstseins, der von Patanjali als bevorzugter Zustand bezeichnet wird.

Negative und positive Gedanken sind Bestandteile des Ego. Das negative Ego soll durch das positive Ego ersetzt werden. Nur das positive Ego muss aufgebaut werden. Mit dem positiven Ego werden wir glücklich werden, und das ist unser Ziel im Leben. Unser Ego ist die Zusammenfassung all dessen, was wir glauben. Es ist unsere Weltanschauung, es sind unsere Interpretationen der Welt, die für uns ‚Wahrheit' sind.

Das Ego, das andere verletzt, basiert auf negativen Gedanken. Das positive Ego basiert auf positiven Gedanken. Seien wir liebevoll. Vom negativen Ego müssen wir zum positiven Ego gehen. Das positive Ego führt zum höheren Bewusstsein."

EGOISMUS

<u>Max</u>: „Mir wurde gesagt, dass Egoismus etwas Schlechtes sei."

<u>Ryan</u>: „Wenn Egoismus bedeutet, dass man alles tut, was man gerade fühlt, dass man also willkürlich handelt, dann natürlich sollte solcher negative Egoismus überwunden werden. Eine Situation, in der durch den negativen Egoismus eines Menschen eine Win-Lose-Situation (einer gewinnt, der andere verliert) entsteht, ist unerwünscht.

Positiver Egoismus hingegen bedeutet nicht, dass man andere für sich opfert oder andere ausnutzt. Ein positiver Egoist lehnt das Prinzip des Opfers ab, weder opfert er sich für andere, noch nutzt er andere aus. Ohne positiven Egoismus kann der Mensch nichts tun. Ein positiv egoistischer Mensch denkt langfristig und fühlt sich verantwortlich für seine Handlungen. Er hilft den Menschen freiwillig.

Jeder denkt an sich selbst, das ist normal. Also wo ist die Grenze zwischen negativem und positivem Egoismus? Wenn wir die Rechte der anderen auf Leben und Eigentum verletzen ist das negativ. Wenn jemand richtig positiv egoistisch ist, führt das automatisch dazu, dass er mit seinem positiven Egoismus den anderen Menschen dient, z.B. indem er CDs mit klassischer Musik herstellt, die so günstig sind, dass auch ein Armer sie kaufen kann, dass günstige Computer für jedermann auf den Markt kommen usw. Das ist dann eine Win-Win-

Situation (beide gewinnen). Sie kann nur durch den positiven Egoismus der leistungsbereiten Menschen entstehen."

EIFERSUCHT

Eifersucht ist ein gutes Gefühl. Eifersüchtige Menschen bewundern die Werte eines anderen und versuchen, diese Werte für sich zu erreichen. Siehe im Gegensatz dazu ‚Neid'.

Eine Frau sieht eine andere, sehr schöne Frau. Sie sagt: „Diese Frau ist wirklich sehr schön. So schön möchte ich auch sein. Ich werde wie sie auf meine Ernährung achten und meinen Körper pflegen und trainieren!"

Ein Mann sieht einen reichen Mann im neuesten Luxusmodell von Mercedes. Er sagt: „Ich möchte auch so ein Auto haben, also werde ich hart arbeiten und sparen."

EIGENTUM

Max: „Du sagst, das Recht auf Leben und das Recht auf Eigentum seien die höchsten Werte. Beim Recht auf Leben verstehe ich das, denn das Leben ist der Standard der Werte. Aber was ist mit dem Recht auf Eigentum? Mein Leben ist doch nicht gefährdet, wenn ich weniger Geld habe."

Ryan: „Das Recht auf Leben ist das oberste Recht. Alle anderen Rechte sind davon abgeleitet. Das Recht auf Eigentum ist vom Recht auf Leben ganz direkt abgeleitet. Wenn jemand dich bestiehlt, kann dein Leben gefährdet werden. Auch wenn er nur wenig stehlen dürfte, bekäme er dadurch die Legitimation, jederzeit mehr stehlen zu dürfen. Dann kannst du nicht mehr für deinen Lebensunterhalt sorgen, du musst dich einschränken, du ernährst dich nicht mehr optimal, weil dir die Mittel dazu fehlen. Deshalb ist das Recht auf Eigentum so wichtig."

Max: „OK, das verstehe ich, aber nur wenn es um die nackte Existenz geht. Ist es denn notwendig, viel zu besitzen?"

Ryan: „Ein Gesetz ist richtig oder ist es nicht. Eine Einschränkung würde bedeuten, dass das Gesetz im Prinzip nicht richtig ist."

Max: „Stimmt. Und freiwillig kann jeder dem anderen helfen. Der Mensch ist grundsätzlich hilfsbereit. Wir sehen z. B. bei Katastrophen, wie gerne und großzügig die Menschen freiwillig Geld- und Sachspenden geben."

EINSICHT

Einsicht heißt, man sieht die Zusammenhänge zwischen zwei getrennten Dingen. Die einzelnen Wissensstücke sind wie Bäume. Ein Wald besteht aus Bäumen. Aber wenn jeder Baum einen Kilometer vom anderen entfernt steht, dann ist es kein Wald. Der Wald entsteht, wenn die Bäume dicht beieinander stehen. Die Einsicht ist wie ein Wald. Die einzelnen Wissensstücke sind die Bäume. Wissen ist nicht Weisheit, aber ohne Wissen gibt es keine Weisheit. Einzelne Bäume machen keinen Wald aus, aber ohne Bäume gibt es keinen Wald. Ein unwissender Mensch kann nicht weise sein. Einsicht ist ein Bestandteil von Weisheit und

Weisheit ist ein Bestandteil von höherem Bewusstsein.

EINSTELLUNG

Einstellungen sind unsere Erwartungen, unsere Gefühle, unsere Ideen, unsere Launen, die die Interpretationen der Ereignisse bestimmen. Oft machen die Menschen Fantasien zu ihrem eigenen Nachteil und leiden dadurch. Z.B. grüßt der Nachbar nicht und man denkt, er könne einen nicht leiden oder man sei nicht wertvoll genug, gegrüßt zu werden. Diese Fantasien mögen richtig oder falsch sein. Solange man nichts anderes weiß, ist es auf jeden Fall sinnvoller, z.B. zu denken, dass der Nachbar vielleicht kurzsichtig ist oder gerade eigene Probleme hat.

> Ein Reisender kam einmal in eine Stadt. Er fragte einen Einwohner: „Was für Leute leben hier?" - „Nehmen Sie doch erst einmal Platz", sagte der Angesprochene, „und erzählen Sie mir, woher Sie kommen und wie die Leute bei Ihnen zu Hause sind." - „Ich komme aus XYZ, und die Leute bei uns sind frech, unverschämt und betrügen viel." - „Genauso sind die Leute auch in dieser Stadt", sagte der Einwohner. Dann kam ein anderer Reisender, der sich auch nach der Art der Leute in dieser Stadt erkundigte. Wieder lud der Befragte den Gast ein, sich zu setzen und zu erzählen, woher er komme, und wie die Leute bei ihm zu Hause seien. - „Oh, bei uns sind alle nett und freundlich und sehr zuvorkommend." - Da sagte der Einheimische: „Genauso sind die Leute auch in unserer Stadt."

Unsere Einstellung ist wie ein Pinsel, mit dem wir das Bild unseres Lebens malen. Die Qualität unseres Lebens bestimmen wir durch unsere Einstellungen.

ELTERN

Viele Menschen führen ihre Probleme zurück auf das Verhalten der Eltern ihnen gegenüber, als sie noch Kinder waren. Aber wenn die Eltern sie während des ersten Lebensjahres angelächelt haben, dann haben sie viel für sie getan. Wenn die Kinder später dennoch Probleme mit dem Verhalten der Eltern hatten, ist es möglich, diese Probleme aufzulösen. Wenn sie jedoch im ersten Jahr nicht angelächelt worden wären, wären die Probleme sehr schwer aufzulösen. Die Eltern hatten den Kindern alle Liebe gegeben, die sie ihnen geben konnten. Sie hatten ihnen z.B. nur eine Scheibe Brot gegeben, das war zu wenig für die Kinder, trotzdem war es alles, was die Eltern gehabt hatten. Lieben und respektieren Sie die Eltern.

EMOTIONEN

Emotionen sind Folgen von Gedanken. Richtige (ethisch gute) Gedanken führen zu guten Emotionen. Nur weil es schlechte Emotionen (durch schlechte Gedanken) gibt, heißt das nicht, man solle alle Emotionen ausschalten oder vermeiden. Emotionen und Gedanken ausschalten kann nur dann gut sein, wenn man lediglich die negativen Emotionen und Gedanken ausschaltet. Schöne und gute Emotionen und Gedanken bereichern das Leben und sind Teil eines höheren Bewusstseins.

ENGEL

Max: „Ich habe ‚Die große Verklärungsrede Christi‘ gelesen. Da steht, dass Engel keine Liebe kennen. Heißt das, dass Engel keine Gefühle haben?"

Ryan: „Doch, Engel haben Gefühle jenseits unserer Vorstellungskraft. Im Himmel gibt es viele höhere Erkenntnisse und so viele schöne Dinge jenseits der Möglichkeiten unseres Denkens, die nichts mit dem Überleben zu tun haben. Die Engel kennen keine *menschliche* Liebe, deshalb wollen sie menschlich werden. Ein Mensch kennt z.B. fast alle Blumen der Welt, jedoch hat er noch nie eine Orchidee gesehen. Die Engel kennen alle Liebe des Himmels, jedoch haben sie noch nie die menschliche Liebe (Orchidee) erfahren. Diese Orchidee der menschlichen Liebe wollen sie auf der Erde kennen lernen. Dann wird der Liebesblumengarten im Himmel um eine Orchidee bereichert und verschönert."

ENTKONDITIONIERUNG

Die ganze Welt, die Mehrheit, der Zeitgeist glaubte, dass die Sonne um die Erde kreise. Dies war die Konditionierung. Kopernikus aber hatte sich von dieser Konditionierung befreit, indem er sagte, die Erde kreise um die Sonne. Das Gegenteil von Zeitgeist oder Mehrheit anzunehmen, ist eine Kopernikanische Revolution oder Entkonditionierung.

Max: „Aber was ist, wenn die Mehrheit Recht hat?"

Ryan: „Wir untersuchen das kopernikanische Denken, und wenn es falsch ist, lehnen wir es ab.

Wir wenden die kopernikanische Revolution nicht willkürlich an."

ENTSAGUNG

Es gibt zwei Wege der Entsagung:

Entsagung der materiellen Werte. Das wäre sehr einfach! Ist jemand glücklich, der in den Slums wohnt? Er hat keinen Besitz und keinen Wohlstand! Wenn wir wirklich davon überzeugt sind, dass arme Menschen glücklicher sind und näher zu Gott, dann sollten wir die Armen nicht aus ihrer Armut heraus holen.

Entsagung der negativen Gedanken, Schuldgefühle, Gewalt, Neid, Rachegefühle. Das ist schwer.

Aber nur der zweite Weg führt zu höherem Bewusstsein. Und gleichzeitig zum Wohl der gesamten Menschheit.

ENTSCHEIDUNG

Die Engel können als sterbliche Menschen Erfahrungen sammeln, das Gute vom Bösen unterscheiden und das Böse überwinden, Weisheit und Einsichten gewinnen und so ihr Bewusstsein erhöhen. Die unsterblichen Engel können entscheiden, ob sie Erfahrungen als sterbliche Wesen erleben und ihr Bewusstsein erhöhen wollen. Freiwillig. Sie können es aufregend finden, menschliche Erfahrungen zu machen. Sie können als Menschen inkarniert werden, müssen aber nicht. Sie haben freien Willen. Sie können auf die Erde kommen, so oft sie wollen. Oder sie können im Himmel bleiben.

ERBGUTENTSCHLÜSSELUNG

Unsere Gene sind perfekt. Erbgutentschlüsselung mit dem Ziel, das Erbgut zu verändern, bringt fragwürdige Vorteile, und die Gefahren für unsere und die Zukunft unserer Kinder sind sehr groß. Wenn Gene krank sind, dann muss es eine Ursache geben. Diese Ursachen müssen erforscht werden (Chemie, Ernährung, Gedanken, Umwelt ...). Es hilft nicht, die kranken Gene einfach zu eliminieren oder zu ersetzen, sondern wir müssen die Ursachen der Erkrankung erkennen und beseitigen.

Wenn ein Kadaver da ist, sind die Aasgeier da. Nützt es, die Aasgeier abzuschießen? Vorübergehend ja, aber andere werden kommen in der Zukunft. Richtig ist es den Kadaver (Ursache) zu entfernen. Ist der Kadaver da, weil die Aasgeier da sind, oder sind die Aasgeier da, weil der Kadaver da ist? Sind die krankmachenden Ursachen da, weil die kranken Gene da sind, oder sind die kranken Gene da, weil die krankmachenden Ursachen da sind? Die krankmachenden Ursachen (Kadaver) müssen beseitigt werden, und nicht die kranken Gene (Aasgeier). Wenn die Aasgeier abgeschossen werden, ist das Problem scheinbar gelöst, in der Realität aber entsteht mehr Kadaver durch die abgeschossenen Aasgeier. Dann suchen wir noch raffiniertere Wege, noch mehr Aasgeier abzu-schießen und noch mehr Kadaver zu entfernen. Wir werden möglicherweise noch mehr und noch schlimmere Krankheiten schaffen. Es entsteht ein circulus vitiosus.

Was in der Zukunft für unsere Kinder und Kindeskinder passieren wird, wissen wir nicht. Wir sind nur die Versuchskaninchen. Wir haben vielleicht gute Absichten, aber es kann zu unserem Nachteil umschlagen. Wir kennen die Auswirkungen auf die künftigen Generationen nicht.

ERBSÜNDE

Wir sind unsterbliche Engel, die die Frucht vom Baum der Erkenntnis des Guten und Bösen gegessen haben. Dies haben wir bewusst getan, um unser Bewusstsein durch menschliche Erfahrung und ethisch gute Aktivitäten zu erhöhen. Es ist sozusagen die ‚Erbsünde', zu vergessen, dass wir unsterblich sind. Wir müssen dies aber vergessen, damit wir Ursache und Wirkung erfahren können. Es ermöglicht uns, Erfahrungen zu machen und unser Bewusstsein zu erhöhen.

ERFAHRUNGEN

Zählen Sie die 90% Ihrer positiven Erfahrungen auf, nicht die 10% Ihrer hartnäckigen Fälle. Schauen Sie nicht auf die Dornen, sondern konzentrieren Sie sich auf die Rosen. Als Dornröschen schlief, haben fast alle Prinzen nur die Dornen gesehen, aber ein Prinz hat die Rosen gesehen und die Dornenhecke löste sich auf. Deshalb fand er den Weg zu der Prinzessin.

ERFOLG

Neidische Menschen behaupten vielleicht, dass Sie kein Recht haben, erfolgreich zu sein oder ein Ziel im Leben zu haben. Lassen Sie die Welt wissen, dass Sie etwas vorhaben. Wenn man Sie dafür lobt, bedanken Sie sich. Die Anerkennung von anderen ist wie ein Strohhalm, der Erfolg ist wie die Limonade. Wenn Sie zwischen beiden wählen müssten, würden Sie die Limonade wählen. Natürlich ist es in Ordnung, beides zu haben.

ERKENNTNISSE

Erkenntnisse kommen nicht aus dem Nichts. Für denjenigen, der die Erkenntnis hat, mag sie spontan aus dem Nichts oder ‚vom Himmel geschenkt' erscheinen, weil sie so unmittelbar und spontan auftritt. In Wahrheit jedoch setzt eine solche Erkenntnis viele bereits erfolgte Denkvorgänge und Erfahrungen voraus, also aktive Bemühungen desjenigen, der später die Erkenntnis hat. Erkenntnis ist die Folge, nicht die Ursache, von aktivem richtigem Denken und aktiven richtigen Handlungen. In einem Zustand der Entspannung werden die Denkvorgänge und Erfahrungen verarbeitet und das Ergebnis zeigt sich dann in einer quasi ‚scheinspontanen' Erkenntnis.

ERWARTUNGEN

Es waren einmal einige Schüler, die wurden wegen ihrer besonders schlechten Leistungen in eine andere Schule gebracht. Den Lehrern in der neuen Schule aber sagte man, die Schüler seien die intelligentesten Schüler ihrer alten Schule gewesen. Die neuen Lehrer erwarteten nun, dass sie es mit besonders begabten Schülern zu tun hatten, und verhielten sich ihnen gegenüber wie gegenüber Hochbegabten. Sie respektierten und achteten sie. Sie ermutigten sie. Sie gingen individuell auf sie ein. Und tatsächlich schrieben die Schüler nur noch Einsen und Zweien.

Goethe hatte gesagt, wenn wir wollen, dass die Menschen gut sind, sollen wir sie so behandeln, als wären sie es schon.

ESSENZ

Unsere Essenz ist unsterblich, göttlich und ganz rein. Unsere negativen Gefühle liegen wie eine Hülle um diese Essenz. Wir sind in der Lage, uns selbst unglücklich zu machen. Es ist eine Art Selbstsabotage.

ETHIK

Ethik gibt uns einen Code der Werte, damit wir unsere Wahl treffen können, denn ohne Richtlinien können wir nicht entscheiden. Ethik ist eine Sache der Wahl. Ethik ist die Antwort auf die Frage ‚Was tue ich?‘, ‚Wie handle ich?‘. Ethik sagt uns, was richtig ist. Ethik beruht nicht auf dem willkürlichen Inhalt eines persönlichen Bewusstsein. Ethik bedeutet Schaffen von guten Werten durch Denken und Handeln.

EVOLUTION

Wir sind ganz hoch entwickelte Wesen. Einige meinen, Gott habe uns erschaffen, andere meinen, wir hätten uns aus einer Amöbe entwickelt. Wieder andere meinen, Gott könnte durch Evolution die Welt erschaffen haben. Alle drei Theorien sind nur Hypothesen.

Können Sie glauben, dass Sie durch Mutation aus einer Amöbe entstanden sind? Warum haben Sie dann Angst vor Mutationen durch Atomstrahlungen? Wenn Mutationen aus Amöben tatsächlich Menschen entwickeln könnten, dann wären sie doch sehr gut! Aber unsere Erfahrung ist, dass Mutationen sehr oft negativ sind und Missbildungen hervor rufen.

Der Mensch stammt von Gott ab und ist perfekt. Der Affe kommt auch von Gott und ist auch perfekt. Die Pflanze kommt auch von Gott und ist auch perfekt. Gott hat alles perfekt gemacht.

Weder kann die Schöpfungstheorie bewiesen werden, noch kann die Evolution bewiesen werden. Was heißt wissenschaftlicher Beweis? Wenn Sie über Gottes Schulter geschaut hätten, als er die Welt erschaffen hatte, dann wäre das der einzig akzeptable Beweis. Wenn Sie die Evolution der Lebewesen über ein paar Millionen Jahre hinweg beobachtet hätten, dann wäre das ein unbestreitbarer Beweis.

Max: Glauben Sie an Evolution?

Herr Joff: Ich glaube, dass einige Menschen vom Affen abstammen, und einige sind von Gott geschaffen.

Max: Das stimmt nicht! Wie soll das möglich sein?

Herr Joff: Sie sind nur neidisch.

EXISTENZ

Bewusstsein kann die Existenz nicht ändern. Bewusstsein ist die Fakultät, die Existenz wahrzunehmen.

EXTREM

Extrem heißt, ich bin ganz konsequent. Ich kann für gute Werte Extremist sein oder für schlechte Werte.

FACHWISSEN

Der Chemiker Kekule suchte die Formel für Benzol. Er hatte viel darüber gearbeitet und nachgedacht, aber er konnte sie nicht finden. Eines Tages hatte er einen Traum. Nachdem er ihn richtig interpretiert hatte, fand er seine lange gesuchte Formel. Wenn ein anderer den selben Traum gehabt hätten, wäre er für ihn bedeutungslos gewesen. Zuerst brauchen wir umfangreiches Wissen über ein Fachgebiet, und dann eröffnet uns die Entspannung den Zugang zum Überbewussten. Was wir von dort empfangen, können wir aufgrund unserer Fachkenntnisse beurteilen und kreativ verwenden.

FAMILIE

In der Familie lernt man die Liebe. Liebe ist wichtig. Wenn Kinder Fehler machen, wissen sie: ‚Hier ist ein Platz, wo wir anerkannt werden.‘ Wenn sie niedergeschlagen sind, werden sie umarmt. Wenn sie siegreich nach Hause kommen, werden sie bewundert und verehrt. Sie wissen: ‚Egal, was passiert, die Eltern stehen fest zu uns, ob wir gut oder schlecht gehandelt haben‘. Dieses Gefühl müssen Kinder haben, und die Familie ist der Ort, wo sie es erfahren können. Kinder, die sich in der Familie angenommen fühlen, nehmen keine Drogen. Die Liebe der Kinder zu den Eltern geht über in die Liebe zu den eigenen Kindern.

FANATIKER

Der Glaube des Fanatikers ist wie ein dünner Zuckerguss auf einer bitteren Pille des Zweifels. Wenn von Andersdenkenden ein bisschen am Guss gekratzt wird, wird die bittere Pille offenbar. Fanatiker identifizieren sich mit Ritualen.

FASCHISMUS

Faschismus ist ein System, in dem a) die Gedanken und b) die Handlungen der Menschen bestimmt werden. Es wird auch bestimmt, was in Schulen und Universitäten gelehrt wird. Das Hauptziel ist, eine Weltregierung, d.h. eine Weltdiktatur zu schaffen, die alles kontrolliert. Es herrscht u.a. eine unübersehbare Flut an Vorschriften und endlosen Regelungen und Restriktionen vor. Im Faschismus steht der Allgemeinnutzen vor dem Eigennutzen.

FAST FOOD

Schmeckt gut, spart Zeit – das ist das Positive daran. Der Besitzer eines Millionen-Dollar-Rassepferdes aber füttert dieses selbstverständlich mit allen notwendigen Vitalstoffen. Würde er es mit Fast-Food füttern?

FEGEFEUER

Fegefeuer ist ein Mythos, wie der Glaube an ‚des Kaisers neue Kleider‘.

FITNESS für den Geist

Wir füllen unseren Geist durch Musik von Mozart, Beethoven, Bach, Strauß, durch Komödien von Shakespeare und Werke von Homer, Virgil und Victor Hugo, von Goethe und Norman Vincent Peale, durch Studien, die wir betreiben, durch Ziele, die wir uns setzen. Vielleicht hält man Sie für altertümlich, wenn Sie diese alten Autoren lesen. Aber das Gegenteil ist wahr! Nur dann sind Sie jugendlich! Wer lernt, bleibt jung. Das Gehirn muss wie der Muskel immer benutzt werden. So erlangen wir ein höheres Bewusstsein.

FOKUS

Fokus ist ein mentaler Zustand, der sinnvoll gelenkt ist, um ein bestimmtes Ziel zu erreichen. Man weiß, was man vorhat. Man hat Verantwortung übernommen, das Bewusstsein nach einer bestimmten Vorgabe zu lenken.

FRAGEN

Fragen stellen ist wichtig. Das Warum-Fragealter der kleinen Kinder ist eine Hymne an den freien Geist.

Max: „Manche Fragen sind nicht gewollt."

Ryan: „Du, Max, bist ein großer Frager, du fühlst dich nur der Wahrheit verbunden und bist bereit, alte Konditionierungen abzulegen zugunsten von besseren Erkenntnissen. Es sind die unbequemen Fragen, die die Menschheit weiter bringen. Es sind die Fragen, die entkonditionieren wie bei Kopernikus. Es gibt auch keine dummen Fragen. Fragen führen zum Nachdenken, richtiges Nachdenken (mit Logik und Discretio) führt zu Erkenntnissen. Gerade Fragen, die vom Zeitgeist nicht gewollt sind, sind wichtig zu stellen."

FREIHEIT

Max: „Was heißt Freiheit?"

Ryan: „Freiheit heißt nicht, wir können alles tun, was wir wollen. Wir können tun, was wir wollen, solange wir die Rechte anderer nicht verletzen.

Diese Rechte sind das Recht auf Leben, das Recht auf Eigentum, das Recht auf freie Meinungsäußerung.

In einer freien Gesellschaft ist man schuldlos, solange Schuld nicht bewiesen ist, im Gegensatz zur Diktatur, in der jemand schuldig ist, solange er seine Unschuld nicht beweisen kann.

Es gibt drei Arten von Einschränkungen der Freiheit. Einige Menschen versuchen, die Gedanken anderer zu kontrollieren, andere wollen die Handlungen der Menschen kontrollieren, wieder andere versuchen sowohl Gedanken als auch Handlungen zu kontrollieren.

Freiheit ist das erste Kennzeichen eines höheren Bewusstseins. Wir sind spirituell gesehen auch nicht frei, wenn wir ein Knecht unserer falschen Konditionierungen und des Zeitgeistes sind und irrtümlicherweise denken, wir seien frei. Ein geistiger Sklave, der sich aber frei und glücklich fühlt, ist ein Feind der Freiheit."

FREIER WILLE

Die Menschen haben freien Willen. Bewusstsein und Wissen entstehen nicht automatisch, sondern sie sind bei jedem Menschen das Ergebnis der Benutzung seines freien Willens. Jeder Mensch hat in jedem Augenblick die Macht zu wählen, auf welchen Gegenstand der Realität er seine Aufmerksamkeit richten will.

FREUNDE

Wenn man Probleme hat, dann möchte man darüber mit seinen Freunden sprechen. Aber wenn man nur über seine eigenen Probleme ohne Pause jahrelang mit den anderen redet, dann, wenn Sie wenige Freunde haben, werden Sie die wenigen Freunde auch noch verlieren. Wenn Sie viele Freunde haben, werden Sie noch mehr Freunde bekommen, wenn Sie positiv auf die anderen eingehen.

FUNCTIONAL FOOD

Einer von vielen Namen für gen-manipulierte Nahrung. Ein anderer Name ist ‚probiotische Lebensmittel'. Es gibt weitere wohlklingende, werbewirksame Namen.

Probiotische Lebensmittel sind Lebensmittel, die „bestimmte Bakterienkulturen enthalten. In den Joghurts stecken beispielsweise spezielle Milchsäurebakterien ...“ Mittlerweile werden „Quark, Käse, Fruchtsäfte, Müsli und sogar Salami mit probiotischen Bakterien angereichert.“ (BNN, 4. November 2000)

Max: „Sind Milchsäurebakterien die gleichen wie probiotische Bakterien?“

Ryan: „Nein. Lies noch einmal. Am Anfang werden ‚Milchsäurebakterien' erwähnt, später ‚probiotische Bakterien'! Ein Laie denkt, dass beide identisch sind. Probiotische Bakterien sind gen-manipuliert und können dein Erbgut beeinträchtigen. Kaufe das Joghurt wenn darauf steht ‚enthält *keine* probiotischen Bakterien'.

Wir lesen weiter: Omega-3-Fettsäuren sollen uns „vor Herz-Kreislauf-Erkrankungen schützen. Einige Brotsorten, Eier und Erfrischungsgetränke werden deshalb mit Omega-3-Fettsäuren angereichert." (BNN, 4. November. 2000).

Max: „Das ist schön, oder?"

Ryan: „Brot und Getränke kann man mit Fettsäuren oder Vitaminen anreichern. Aber wie kann man Eier mit Omega-3-Fettsäuren anreichern? Durch Genmanipulation. Wieder wird mit deinem Erbgut gespielt. Natürlich wird von den Verantwortlichen gesagt werden, dass das Erbgut nicht beeinträchtigt wird. Aber ich will kein Versuchskaninchen sein. F. Neffe fragte, ‚Werden die Irrtümer von morgen wieder der neueste wissenschaftliche Stand von heute sein?'"

Max: „Aber ist es in Ordnung, Brot und Erfrischungsgetränke mit Omega-3-Fettsäuren anzureichern?"

Ryan: „Wenn die Getreidekörner schon durch Genmanipulation angereichert sind, wissen wir nicht, was die langzeitige Nebenwirkung sein wird. Wir wissen nicht, wie es sich auf die zukünftigen Generationen auswirken wird. Und: wenn du Alkohol trinkst, rauchst, keine Bewegung hast und dich schlecht ernährst, kann dich das angereicherte Brot dann vor Krankheit schützen?"

Max: „Aber Omega-3-Fettsäuren in nicht-genmanipulierten Erfrischungsgetränken können doch nicht schaden, oder?"

Ryan: „Welche Erfrischungsgetränke? Meinst du, dass Colas, angereichert mit Omega-3-Fettsäuren, dich vor Herz-Kreislauf-Erkrankungen schützen werden?"

Max: „Ich bin kein Versuchskaninchen der Gentechniker. Ich fürchte die das Erbgut verändernde Wirkung der genmanipulierten Nahrung."

GEBORGENHEIT

Das erste Jahr ist das wichtigste Jahr in unserem Leben. In diesem Jahr lernen wir Liebe, denn die Eltern und andere Menschen lächeln uns an. Ein Lächeln genügt, um zu lernen, was Liebe ist, und um Liebe zu verstehen. So hat jeder Mensch Liebe erfahren. Wenn wir in diesem ersten Jahr kein Lächeln erfahren haben, ist es schwer, im weiteren Leben erfolgreiche Beziehungen zu haben. Seien Sie Ihren Eltern dankbar dafür, dass sie Ihnen in diesem ersten Jahr Liebe vermittelt haben. Die Erfahrung von Liebe gibt Geborgenheit.

GEDANKEN

Es gibt zwei große Kräfte in dieser Welt: Gedanken und Handlungen. Aber das Gewaltigste von allen sind die Gedanken, weil die Gedanken unsere Wünsche und Handlungen bestimmen. Gedanken stellen Energie dar – genau wie Elektrizität. Und wie Elektrizität können sie missbraucht, oder aber auch zu unserem Wohl benutzt werden. Wenn wir denken, reproduzieren wir die Schwingungen eines Objekts. Wenn wir ständig in der gleichen Art und Weise denken, werden wir Gewohnheiten schaffen. Es ist deshalb sehr schwer, anders zu denken. Die

Gedanken machen wir selbst! Wir können wählen, welche Gedanken wir denken wollen. Das entscheiden wir selbst. Es gibt kein größeres Heilmittel als die Liebe und keinen größeren Krankheitserreger als den Hass. Wenn wir gute Gedanken haben, werden wir in dieser und in der nächsten Welt glücklicher.

GEDULD

Eine Schnecke kletterte im Mai auf einen Kirschbaum. Alle lachten sie aus: „Was willst du da oben zwischen all den Blüten?" – „Wartet nur ab! Wenn ich oben ankomme, sind die Kirschen reif".

GEFÜHLE

Gefühle haben keine Macht über die Realität. Sie sind kein Mittel zur Erlangung von Kenntnissen. Gefühle sind nicht primär, sondern Ableitung von unseren Werten, also von unserem Denken. Gefühle sind Wirkung, nicht Ursache. Gefühle sind das Ergebnis von Denken, und weil wir durch unseren freien Willen die Kontrolle über die Ursache haben, haben wir auch Kontrolle über die Wirkung, d.h. über unsere Gefühle.

GEHEIMLEHRE

<u>Max</u>: „Ich mag Geheimnistuerei nicht. Warum sollte die Wahrheit geheim gehalten werden?"

Ryan: „Die Wahrheit kann missverstanden werden. In einer primitiven Gesellschaft können die Menschen mit niedrigem Bewusstsein die Wahrheit falsch auslegen. Sie können z.B. ihre Verbrechen, ihre Missachtung der Prinzipien u.a. ‚Du sollst nicht morden‘ und ‚Du sollst nicht stehlen‘ leicht mit der Geheimlehre rechtfertigen.“

Max: „Aber wir sind heutzutage keine primitiven Menschen. Und missverstanden kann alles werden. Außerdem war auch viel Wissen in der Bibliothek in Alexandria verbrannt worden.“

Ryan: „Bücher können verbrannt werden oder verschollen sein. Dennoch bleibt die Wahrheit immer geschützt. Sie taucht immer wieder auf, jedoch oft verschlüsselt in Gleichnissen und Symbolen.“

Max: „Trotzdem schade, dass Bücher und Skripte von unschätzbarem Wert im Feuer von Alexandria untergegangen sind.“

Ryan: „Die Essenz von allen Büchern von Alexandria ist in ‚Die große Verklärungsrede Christi‘ entschlüsselt.“

Max: „Wie konnten Tausende von Wahrheitssuchenden von der Wahrheit ferngehalten werden? Die Lehrer konnten doch nicht einfach sagen, ‚Ich erzähle dir nichts. Du bist nicht reif dafür‘. Die Suchenden haben die Lehrer doch danach gefragt.“

Ryan: „Die Lehrer haben in der Tat niemanden abgewiesen. Es hätte sonst Diskussionen gegeben. Und die abgewiesenen Schüler wären jeden Monat wieder gekommen und hätten gefragt, ob sie jetzt reif genug seien, die Wahrheit zu erfahren. Oder sie hätten die eingeweihten Schüler gefragt."

Max: „Das ist aber offensichtlich nicht passiert. Wie hatten die Lehrer das Problem dann gelöst?"

Ryan: „Sehr einfach. Die Lehrer haben den Schülern gesagt, dass sie die Wahrheit in der Erleuchtung finden würden. Wenn sie erleuchtet würden, würden sie alles verstehen, wurde ihnen gesagt."

Max: „Das war eine geniale Idee. Die Lehrer hatten die Suchenden auf eine Phantomjagd geschickt. Oder doch nicht? Was, wenn jemand die Erleuchtung doch erreicht hatte? Waren nicht einige erleuchtet?"

Ryan: „Wenn du ein Einhorn findest, wirst du erleuchtet werden? Niemand findet ein Phantom. Kein Mann ist erleuchtet worden."

Max: „Und Frauen? Dann gibt es auch keine erleuchteten Frauen. Aber durch die Suche nach Erleuchtung waren Millionen Menschen abgelenkt worden."

Ryan: „Und die Lehrer hatten ihre Ruhe. Jeder Schüler dachte, es würde an ihm selbst liegen, dass er die Erleuchtung nicht findet. Er sei nicht reif genug oder habe noch Karma abzutragen."

Max: „Es leuchtet mir ein. Kein Mann und keine Frau haben von sich aus gesagt, sie seien erleuchtet. Es waren die Schüler, die das von ihrem Lehrer oder von einem anderen Menschen behauptet hatten.

Für die Menschen des 21. Jahrhunderts ist die Geheimlehre nun in der ‚großen Verklärungsrede Christi' offenbart worden. Aber wird nicht auch sie missverstanden werden können? Können nicht auch dadurch die ethischen Prinzipien missachtet werden? Wenn die Menschen wissen, dass sie ewig leben und dass Gott sie nicht verurteilt, können sie falsch schlussfolgern, dass es egal sei, was sie tun."

Ryan: „Die ethischen Prinzipien werden heutzutage sowieso missachtet, auch ohne Geheimlehre als Rechtfertigung. Es ist nicht mehr aktuell, das Wissen zu verstecken."

Max: „Nun habe ich 42 Jahre lang Erleuchtung gesucht. War das jetzt alles umsonst?"

Ryan: „Ein echter Wahrheitssuchender ist froh, wenn er einen Irrtum entdeckt hat. Er ist glücklich, dass er aufhören kann, zu versuchen, den Horizont zu erreichen. Er ist glücklich, dass er herausgefunden hat, dass er bisher in einem Kreis in einer Grube gelaufen ist. Er ist glücklich, dass er aus dem Rad des Irrtums aussteigen kann."

Max: „Es ist schwer, das alte Haus zu verlassen, das man für einen Palast gehalten hat."

GEHIRN

Unser Gehirn ist ein großer Computer, den wir von Gott bekommen haben. Den Inhalt müssen wir selbst erwerben. Es kommt nichts automatisch. Die Kapazität unseres Gehirns ist unendlich.

GEIST

Geist funktioniert nicht unter Zwang, denn er hat die Funktion, Existenz wahrzunehmen. Wie erkennt der Geist die Existenz? Durch Wahrnehmung, Identifikation und Integration von Tatsachen. Der Geist muss bei jedem Schritt durch die Tatsachen der Existenz geführt oder geleitet werden. Wenn man versucht, Gewalt zu benutzen, d.h. wenn man jemanden zwingt, bestimmte Schlussfolgerungen gegen seine eigene Meinung zu akzeptieren, dann ist das unethisch.

GERECHTIGKEIT

Weil es möglich ist, dass Menschen sich missverstehen, brauchen wir objektive Maßstäbe, um festzustellen, wer Recht hat. Die Maßstäbe orientieren sich an der Realität und an den Prinzipien der individuellen Rechte. Nulle poena sine lege. Kein Recht ohne Gesetz.

GESETZE

Es gibt keine verschiedenen Gesetze für verschiedene Personen. Sie sind für alle gleich. Ein objektives Gesetz ist ein Gesetz, das willkürliche Interpretationen nicht zulässt.

GEWALT

Gewalt ist gegen die Vernunft. Die Vernunft fordert, das Leben zu fördern, nicht, es zu zerstören. Gewalt verletzt die Rechte auf Leben und Eigentum. Selbstverteidigung ist eine andere Sache. Denn das heißt, Sie stoppen den Gewaltbenutzer auf dem einzigen Weg, der möglich ist.

GEWISSHEIT

Wir können nicht allwissend sein, aber wir können dennoch gewiss sein. Allwissenheit ist nicht der Maßstab für Gewissheit. Gewissheit ist kontextuell. Alle Angriffe gegen Gewissheit basieren auf dem Verlassen des Kontext.

GEWOHNHEIT

Ein Bauer hatte einen Frosch. Den Frosch setzte er in einen Kochtopf. Der Topf war oben offen, dennoch wurde der Frosch gekocht. Ein Freund fragte: „Wieso ist der Frosch nicht aus dem Kochtopf herausgesprungen?" Der Bauer sagte: „Ich habe die Temperatur immer nur um ein Grad erhöht. So hat der Frosch nichts gemerkt."

Wir gewöhnen uns oft Stück für Stück an lebensverneinende Handlungen oder Situationen. Die Gewohnheit schläfert unser Bewusstsein ein. Aber: Wir können uns positive, lebensbejahende Eigenschaft zur Gewohnheit machen. Eigenschaften, Tugenden und Handlungen, die uns helfen, unser Leben zu fördern und unser Bewusstsein zu entwickeln. Dazu müssen wir klar denken und frei von leidvollen Konditionierungen sein.

GLAUBE

Ein Glaube ist eine unterbewusste Überzeugung.
Man kann etwas sagen, aber etwas anderes glauben.
Wir sagen vielleicht, Nicht-Anhaftigkeit, Entsagung,
Armut, Keuschheit, Egolosigkeit, Gedanken
ausschalten, Askese, Nichtstun u.a. würden zu
höherem Bewusstsein führen. Aber glauben tun wir
alle das Gegenteil. Wir sagen auch, dass Geld
unglücklich macht, dennoch glauben wir es nicht.
Oder wir sagen: ‚Armut erhöht das Bewusstsein.'
Aber wir wollen nicht arm werden. Vielleicht wissen
wir intuitiv, dass Armut das Bewusstsein nicht
erhöhen kann.

GLEICHMACHEN

Es gibt zwei Methoden, alle Menschen gleich zu
machen: Entweder alle erhöhen oder alle nach unten
ziehen.

GLÜCK

Glück ist ein Gefühl, das sich einstellt, wenn wir
erfolgreich gehandelt und einen Wert erreicht haben.
Glücklich sein gehört zur Ethik. Was ist glücklich
sein? Es ist ein Bewusstseinszustand, der durch das
Erreichen von Werten abgeleitet wird. Das Glück ist
die Folge, nicht die Ursache.

Wir können glücklich sein, wenn wir rational
handeln. Denn glücklich sein ist ein positiver
Zustand, ein Zustand, in dem es keine Widersprüche
gibt. Glücklich sein ist eine sich nicht
widersprechende Freude. Glücklich sein heißt nicht,

nur ab und zu ein bisschen schuldige Freude zu empfinden. Glück und Freude sind nicht eine Flucht vor dauerndem Leid. Glück entsteht, wenn die Predigt und der Glaube in Einklang sind.

Das Glück setzt sich aus vielen kleinen Dingen zusammen: Eine Vogelstimme, ein Kompliment, Kinderlachen, Blumen, Homer, Goethe, Mozart, das Erreichen kleiner und großer Ziele. Erleben Sie Freude bei kleinen und großen Anlässen. Das macht Sie glücklich. Wenn Ihre Ausstrahlung Freude ist, dann dringt sie bis in die Notgebiete der Erde und hilft dort mehr als die bangen Sorgen mit ihren negativen Schwingungen.

Manche Menschen denken, ‚es dürfe ihnen nicht zu gut gehen‘. Aber Glück ist unendlich und immer steigerbar. Es kann uns immer besser und besser gehen.

GLÜCKSELIGKEIT

‚Seid fröhlich und getrost‘, sagt Christus (Mt 5,12) und zeigt damit den Weg der Bejahung des Lebens. Wer auf der Erde glücklich ist, ist im Himmel noch glücklicher.

Max: „Warum tanzen und lachen die Engel, wenn sie auf die Erde kommen und einen menschlichen Körper haben, nicht sofort?"

Ryan: „Wenn sie auf der Erde sind, sind sie nicht automatisch glücklich. Sie müssen hier erst lernen glücklich zu sein, weil es Leid gibt. Aber sie haben sich vorgenommen, sich vom Leid nicht bestimmen zu lassen.

Wer denkt: ‚Wenn ich hier unglücklich bin, werde ich im Himmel glücklich sein‘, glaubt an ‚des Kaisers neue Kleider‘. Unglück ist nicht die Eintrittskarte für den Himmel. Diese Haltung würde voraussetzen, dass Gott ein Sadist ist. Aber Gott ist glücklich, wenn wir hier auf der Erde nach Glückseligkeit streben. Wir sind glücklich im Himmel, wenn wir hier auf der Erde glücklich sind.“

GLUTENFREIE DIÄT

Morgens: ½ TL Zuckerrohrmelasse in 1 Glas warmem Wasser, mit dem Saft einer halben Zitrone. Obst in warmem Biosmon-Wasser gewaschen (Reformhaus) oder Brei aus Hirse-, Reis- oder Buchweizenflocken in Wasser (nicht in Milch!) gekocht.

Mittags: Salat-Rohkost-Teller mit 1 TL Leinöl, 1 TL Olivenöl, Zitrone (geschält und entkernt). Naturreis oder gekochtes Gemüse mit etwas Butter. Dazu Fisch oder Fleisch oder 1 EL Sonnenblumenkerne, 5 eingeweichte Mandeln, 1 EL Kürbiskerne, 20 Pinienkerne.

Abends: Salat-Rohkost-Teller, Reis, 1 TL Nacht-kerzenöl, gekochtes Gemüse.

Trinken Sie ausreichend Wasser. Bevor Sie mit der Diät beginnen, besprechen Sie sich bitte mit Ihrem Hausarzt.

GRUNDRECHT

Grundsätzlich gibt es nur ein menschliches Recht. Alle anderen Rechte sind Ableitungen dieses

Grundrechts. Das ist das Recht, zu leben. Was ist das Recht, zu leben? Das Recht auf Leben bedeutet das Recht, das ein Mensch hat, selbst, verantwortlich und frei so zu handeln, wie es notwendig ist, um sein Leben individuell und eigenverantwortlich zu erhalten und zu fördern.

DAS GUTE

Das menschliche Leben ist der Standard der Werte. Das Gute ist, was das Leben fördert. Das Gute ist eine Bewertung von Tatsachen der Existenz, und zwar nach einem bestimmten rationalen Zustand der Werte. Rational bedeutet, dass der Standard auf Tatsachen der Existenz basiert und er wird durch Vernunft gerechtfertigt. Das Gute ist ein Aspekt der Existenz in Zusammenhang mit dem Menschen, das Gute muss entdeckt und nicht erfunden werden. Das menschliche Leben ist der Standard der Werte. Das Gute ist für *uns* gut, denn der Mensch ist der Empfänger der Werte. Wenn es keine Nutznießer gäbe, dann gäbe es auch kein Konzept für das Gute.

DIE GUTEN MENSCHEN

Das erste Ziel der Gerechtigkeit ist, die Guten anzuerkennen. Die Guten sind die Menschen, die materielle und ethisch gute Werte schaffen, und die die Rechte auf Leben, Eigentum und Meinungs-freiheit schützen. Werte, derer das Leben bedarf. Sie sind die Menschen, deren Leistungen und Tugenden anerkannt werden sollen. Es ist wichtig, sowohl die Guten zu belohnen, als auch die Bösen zu bestrafen.

GUT UND BÖSE

Die Frage von Gut und Böse entsteht, weil der Mensch in dieser Realität als Sterblicher lebt und die Realität verlangt, dass wir auf eine bestimmte Art und Weise handeln, um zu überleben.

HALBWERTZEIT

Max: „Früher hatte ich Angst vor dem Fallout von radioaktiven Substanzen mit einer Halbwertzeit von einer halben Million Jahren. Ich fragte mich, was die Kindeskindeskindeskindeskindeskinder dann wohl erdulden müssen. Was ich nicht gewusst hatte, ist, dass eine Halbwertzeit von einigen Tagen gefährlicher ist. Eine Substanz mit einer Halbwertzeit von wenigen Tagen ist wie ein erntevernichtendes Strohfeuer. Eine Substanz mit einer Halbwertzeit von einer halben Million Jahren ist wie ein Stamm Holz, der sehr, sehr langsam abbrennt. Das erntevernichtende Strohfeuer ist gefährlicher, weil es alle Energie in kürzester Zeit abgibt. Der Holzstamm gibt seine Energie langsam ab und kann unser Zimmer erwärmen."

Ryan: „Auch in der Natur gibt es radioaktive Elemente mit langer Halbwertzeit."

Max: „Ein Strohfeuer in unserem Wohnzimmer wäre gefährlich."

HANDLUNG

Eine Handlung fördert das Leben oder schadet ihm. Für einen lebenden Menschen ist keine Handlung neutral oder gleichgültig. Jeder, außer kleinen Kindern, ist für seine eigenen Handlungen verantwortlich.

HELFEN

Es liegt in der Natur des Menschen, dass er großzügig ist und anderen Menschen hilft, ohne dass Zwang ausgeübt werden muss. Dies kann man sehen, wenn Katastrophen geschehen. Die Menschen sind mitfühlend und großzügig und helfen den Notleidenden freiwillig gerne. Sie helfen auch gerne den Kranken. Viele gehen zum Blut spenden oder sind bereit, persönlich einem Leukämiekranken zu helfen. Sie spenden auch sehr gerne freiwillig für gute Zwecke. Die Menschen sind gut.

HIMMELREICH

Das Himmelreich in uns hat das Potenzial eines Senfkorns, groß zu werden. Dieses Senfkorn können wir wachsen lassen, indem wir folgendes tun: Wir identifizieren die negativen Gedanken durch Unterscheidungsvermögen oder Discretio. Dafür müssen wir bewusst sein. Wenn ein Zimmer schmutzig ist, müssen wir den Schmutz

1. sehen können. Wir müssen das Licht einschalten, damit wir den Staub erkennen. Unsere Bewusstheit oder unser Wachsein sind das Licht, mit dem wir die negativen Gedanken identifizieren.

2. müssen wir die negativen Gedanken abwischen, genau wie wir den Staub in unserem Zimmer wischen.

3. ist es nicht genug, den Staub zu wischen, wir müssen auch verhindern, dass neuer Staub hineinkommt. So müssen wir verhindern, dass erneut Gedanken der Negativität sich breit machen.

4. müssen wir das Zimmer mit guten Möbeln und schöner Ausstattung einrichten. Genauso müssen wir unseren Geist mit positiven und guten Gedanken und Visualisierungen ausstatten.

So können wir das Himmelreich in uns erfahren, hier mitten in der Welt. Wir müssen nicht vor Leid flüchten, sondern uns von dem Leid nur nicht erschrecken lassen.

DIE HÖCHSTEN WERTE

Das Recht auf Leben

Das Recht auf Eigentum

Das Recht auf Meinungsfreiheit

HÖLLE

Die Lehre von der Hölle ist ein Mythos, ein Glaube an ‚des Kaisers neue Kleider'.

HUMOR

Humor ist die Fähigkeit, flexibel zu bleiben, in wechselvollen Situationen erfolgreich zu sein und angesichts großer und kleiner Schwierigkeiten glücklich und kreativ zu bleiben.

INSTINKT

Instinkt ist das Hilfsmittel der Tiere zum Überleben. Instinkt ist keine bewusste Anwendung der Vernunft. Menschen haben Instinkte, aber darüber hinaus höhere Möglichkeiten, ein erfülltes Leben zu leben. Sie benutzen die Vernunft und erreichen Ziele und Kenntnisse, die ein rein instinktgesteuertes Wesen nicht erreichen kann.

INTEGRITÄT

1. Jeder Mensch wählt seine Werte selbst durch Denken.

2. In jeder Situation muss er wählen, nun auch nach seinen Werten zu handeln.

Integrität heißt Handeln nach den Überzeugungen, praktizieren, was man predigt. Man muss treu zu seinen Werturteilen sein. Die Rede und der Glaube müssen identisch sein.

Die nächste Geschichte zeigt, wie die Menschen dazu neigen, hohe Philosophien zu bewundern, sich aber hinter der Theorie verstecken und deren praktische Umsetzung verweigern.

Bauer Müller hatte nur ein Problem: Er hatte eine Nachbarin, die immer seine Maiskolben stahl. Er überlegte, wie er das Problem lösen könne und hatte die Idee, zum Pfarrer des Ortes zu gehen, und ihn um Hilfe zu bitten: „Herr Pfarrer, Herr Pfarrer, meine Nachbarin stiehlt immer meine Maiskolben. Können Sie nicht in der nächsten Predigt über das Gebot ‚Du sollst nicht stehlen' sprechen?" - „Gerne, mein Sohn", antwortete der

Pfarrer. Am nächsten Sonntag sprach der Pfarrer über das Gebot ‚Du sollst nicht stehlen'. Die Nachbarin war eine große Kirchgängerin und verehrte den Pfarrer. Seine Predigten waren der Höhepunkt ihrer Woche.

Am nachfolgenden Montag besuchte der Pfarrer den Bauern Müller. „Nun, mein Sohn, hat meine Predigt dir geholfen?" - „Die Predigt war gut, aber leider stiehlt die Nachbarin immer noch." - „Was?", wunderte sich der Pfarrer, „dann werde ich nächsten Sonntag deutlicher sprechen." Und am nächsten Sonntag sprach der Pfarrer wieder über das Gebot ‚Du sollst nicht stehlen'. Diesmal sagte er: „Auch Maiskolben dürft ihr nicht stehlen!"

Der Pfarrer fragte am nachfolgenden Montag wiederum den Bauern, ob die Predigt nun gut angekommen sei. - „Leider nicht", antwortete der Bauer verärgert, „sie klaut noch immer!" - „Also, dann werde ich noch deutlicher werden müssen", sprach der Pfarrer. Und am nächsten Sonntag erfolgte wieder die Predigt über das Stehlen. Die Nachbarin hörte begeistert zu. Da sprach der Pfarrer: „Du sollst auch die Maiskolben vom Bauern Müller nicht stehlen."

INTERESSENSKONFLIKT

„Man kann nicht zwei Herren dienen ...", z.B. muss ein Börsenmakler seinem Klienten dienen. Was aber, wenn er schlechte Aktien hat, die er los werden möchte? Er soll sie seinem Klienten nicht empfehlen, weil sie nicht im Interesse des Klienten wären. Jetzt hat der Makler einen Interessenkonflikt.

Soll er die Aktien empfehlen und in seinem eigenen Interesse handeln, oder soll er im Interesse des Klienten handeln (wie er es müsste), und die Aktien nicht empfehlen?

Als Kunde muss ich wissen, ob die Menschen, von denen ich eine Dienstleistung erwarte, in einem Interessenskonflikt stehen oder nicht. Ich muss feststellen, ob er in meinem Interesse arbeitet, oder im Interesse anderer.

INTUITION

Intuition steht nicht über der Vernunft, sie kommt unbewusst und ist von der Vernunft abhängig. Intuition ist verinnerlichte Erfahrung. Es gibt 3 Fakultäten.

1. Fakultät: Die Wahrnehmung. Sie erfolgt durch die Sinnesorgane.

2. Fakultät: Die konzeptmachende Fakultät. Sie basiert auf der 1. Fakultät und identifiziert, klassifiziert und abstrahiert die von den Sinnesorganen gelieferten Daten.

3. Fakultät: Die intuitive Fakultät. Sie basiert auf den Fakultäten 1 und 2 und kommt unbewusst.

IRRTÜMER

Gehen Sie immer davon aus, dass Sie die Freiheit haben, Irrtümer zu begehen. Es ist menschlich, Fehler zu machen. Durch unsere Fehler lernen wir, besser zu sein. Ohne Fehler können wir nicht lernen.

JENSEITS

Jenseits ist Himmel. Dort, wo wir als Engel wohnen. Die Engel haben keinen Körper, aber eine individuelle Form, die nicht grob-materiell ist, sondern feinstofflich wie Licht. Jenseits ist überall, es muss nicht getrennt von der Erde sein, wie auch Licht und Ton sich im selben Raum befinden.

KÄNGURU

Als Kapitän Cook in Australien ein fremdes Tier sah, fragte er die Eingeborenen, was das für ein Tier sei. Die Eingeborenen sagten: „Känguru", was hieß „Ich weiß es nicht".

KAISEN

Kontinuierlicher Verbesserungsprozess (KVP). Lobenswerte japanische Methode, Vorgänge und Abläufe bei der Arbeit oder im täglichen Leben ständig zu optimieren.

KARMA

Es gibt kein Karma im Sinne von Schicksal. Alles, was wir tun, ist freiwillig. Wir können freiwillig wiedergeboren werden, ohne Zwang. Wir müssen nicht, wenn wir nicht wollen. Alles ist ein Spiel (das Sanskritwort für das kosmische Spiel ist ‚Lila'). Wir inkarnieren nicht aus Strafe auf der Erde, sondern freiwillig, weil wir selbst entschieden haben, unser Bewusstsein durch menschliche Erfahrungen zu erhöhen. Karma kommt von dem Sanskritwort ‚kri' und heißt ‚zu tun'. Es bedeutet Aktivitäten. Mit der Zeit wurde dieses Wort anders besetzt und erlangte die falsche Bedeutung von Schicksal oder Schuld. Aber die ursprüngliche Bedeutung ist richtig. Positive Aktivität ist notwendig zur Erlangung eines höheren Bewusstsein.

KAUSALITÄT

Aus der Tatsache, dass Handeln immer an Dinge geknüpft ist, es also keine Handlungen ohne Dinge gibt, und aus dem Gesetz der Identität leiten wir das Gesetz von Ursache und Wirkung ab. Kausalität ist nicht das Produkt von Bewusstsein, sondern eine Tatsache der Existenz.

Das Universum funktioniert nach dem Gesetz von Ursache und Wirkung; die Eigenschaften der Dinge sind schon inhärent, ihr ‚Handeln' ist Ausdruck ihrer Identität, es ist ihre einzige Möglichkeit. Die Ursache für das ‚Handeln' ist die Natur des Wesens, das ‚Handeln' ist die Wirkung.

Die Kausalitätsbeziehung besteht nicht zwischen Handeln und Handeln, sondern zwischen Wesen und Handeln. Handeln ohne Objekte oder Wesen gibt es nicht. Es gibt kein ‚tanzen' ohne Tänzer.

Kausalität ist das Prinzip, um bestimmte Ziele oder Wirkungen zu erreichen. Wir müssen bestimmte Mittel anwenden oder die Ursache in Kraft setzen, um die Wirkung zu erlangen. Wenn ich meine Hand in kochendes Wasser halte, bekomme ich eine Brandblase. Wie könnte es keine Ursache für die Brandblase und die Schmerzen geben? Wie kann man sagen, die Blase und die Schmerzen seien nicht von dem heißen Wasser verursacht worden?

Die Annahme, dass etwas nicht existiert, wenn man es nicht sieht, würde bedeuten, dass wenn Sie, lieber Leser, mit Robotern gefoltert würden und dies kein lebendiger Mensch sehen würde, dass Sie dann nicht gefoltert würden. Nach diesem Prinzip hätte der deutsche Sturm ‚Lothar' im Dezember 1999 für die Menschen im Dschungel, die ihn nicht wahrgenommen haben, nicht existiert. Es würde bedeuten, dass die Menschen in der Dritten Welt nicht verhungern, solange wir es nicht wahrnehmen. Die drei Affen sehen nichts Übles, sprechen nichts Übles und hören nichts Übles, existiert das Üble für die drei Affen deshalb nicht?

Die Schüler des Physikers Heisenberg hatten das Prinzip der Unschärferelation missverstanden. Heisenberg stellte fest, dass man entweder die Geschwindigkeit oder die Position des Elektrons bestimmen kann, aber nicht beides gleichzeitig. Heisenbergs Schüler meinen, dass es keine Kausalität geben könne.

Wenn z.B. ein 1-m-langer Stab einen Meter lang ist, was heißt dann ein Meter? Er könnte auch einen Meter plus ein Elektron lang sein, oder um ein Elektron kürzer. Trotzdem ist er einen Meter lang. Man kann nicht sagen, dass es keinen Stock gebe, der genau einen Meter lang ist, und dass wir deshalb nichts bauen können oder ein Schneider deshalb keine Kleider anfertigen kann.

Wenn Menschen behaupten, dass es keine Kausalität gibt, warum stecken diese Menschen dann dennoch ihre Hand nicht in kochendes Wasser?

Wenn Photonen im Experiment gezählt werden ist die Zahl anders, abhängig davon, ob sie beobachtet werden oder nicht. Deshalb gibt es keine Kausalität, wird gesagt, alles sei relativ und willkürlich, nichts absolut. Das stimmt aber nicht, es ist nicht willkürlich, denn die Anzahl der Elektronen ist zwar anders, aber sie variiert statistisch innerhalb einer bestimmten Grenze. Natürlich gibt es eine Ursache. Die Aura des Wissenschaftlers ist feinstofflich. Wenn er feinstoffliche Dinge untersucht, sind diese von der Aura des Wissenschaftlers beeinflusst. Die Schüler von Heisenberg berücksichtigten die Wirkung der Aura nicht, die aber durch die Kilianphotographie wissenschaftlich bewiesen ist.

Es gibt Kausalität sowohl in der Mikrowelt als auch in der Makrowelt.

KEUSCHHEIT

Keuschheit ist kein Kennzeichen eines höheren Bewusstseins. Das Sanskritwort ‚Brahmacharya' heißt ‚sich wie Gott zu benehmen', und wird fälschlicherweise als ‚Keuschheit' bezeichnet. Es heißt aber, ein höheres Bewusstsein zu haben und stolz auf sich zu sein wie Gott.

KINDHEIT

Es ist nicht zwingend, dass die Probleme im Leben des Erwachsenen aus den Traumata der Kindheit entstanden sind. Manche Menschen haben eine schreckliche Kindheit gehabt und sich dennoch sehr gut entwickelt. Andere hatten eine wunderbare

Kindheit und haben sich nicht so gut entwickelt. Zwar haben die Eltern einen großen Einfluss auf unsere emotionale Entwicklung, aber je älter wir werden, desto mehr sind wir in der Lage, unser Leben in die eigenen Hände zu nehmen. Wir können selbständig denken und alte Erfahrungen aufarbeiten. Weil manche Menschen unfähig sind, ihre Probleme zu lösen, suchen sie einen Sündenbock, der einfachste Sündenbock sind die Eltern.

KINDER

Kinder sind lebendig, sie bejahen das Leben, sie sind nicht nachtragend und lassen sich nicht lange vom Leid herunterziehen. Sie nehmen das Leben wie ein Spiel. Kinder sind begeistert und genießen mit Freude die Schönheit der Schöpfung. Sie verneinen die Welt nicht. Sie sind total in ihrer Freude. Kinder lernen ständig, denn sie sind wissbegierig. Ein Kind ist geradlinig und aufgeschlossen. Kinder beobachten alles ganz genau, sie sind wach. Ein Kind ist beharrlich, es gibt nicht auf, wenn Schwierigkeiten ihm im Weg stehen. Wenn ein Kind lernt, zu laufen, gibt es nicht auf, wenn Schwierigkeiten da sind. Wenn es beim Laufenlernen viele Male auf den Boden fällt, macht es trotzdem weiter. (siehe: Martina May ‚JESU WUNDERTÜTE', Verlag May). Von den Kindern können wir lernen, dass es nicht das Ziel ist, zu fallen, sondern, dass es das Ziel ist, immer wieder aufzustehen. Ein Kind lacht, ein Kind nimmt an Weisheit zu. So kann auch ein Mensch mit höherem Bewusstsein an Weisheit immer mehr zunehmen. Es gibt keine Grenze nach oben.

KLEINIGKEITEN

Der gute Umgang mit Kleinigkeiten macht Vollkommenheit aus, aber Vollkommenheit ist keine Kleinigkeit. Schönheit und Jugendlichkeit entstehen, weil Kleinigkeiten beachtet werden. Man kann viele Kleinigkeiten falsch machen, keine einzelne wird uns alt oder unschön machen, aber die Summe hat große Wirkung. Wenn wir viele Kleinigkeiten richtig machen (z.B. genügend Wasser trinken, nicht rauchen, Eiweiß und Kohlehydrate in der Ernährung trennen, positiv sein, ausreichend Vitamine, Mineralien und Spurenelemente zu uns nehmen usw.), werden wir schön und jung bleiben. Das gilt auch für die Schönheit des Geistes.

KÖRPER

Der Körper ist der vergängliche Teil, der unsere unvergängliche Seele umhüllt. Er gibt der unvergänglichen Seele die Möglichkeit, Erfahrungen auf der Erde zu machen und so ihr Bewusstsein zu erhöhen. Der Körper muss gepflegt, geachtet und geliebt werden.

KÖRPERÜBUNGEN

Tägliches Spazierengehen ist die beste Übung. Es ist sinnvoll, das Spazierengehen durch Schwimmen und Yoga oder leichte Gymnastik zu ergänzen.

KOMPLIZIERT

Laurel sagte zu Hardy: „Rate einmal, was ich hier in der Hand habe!" - „Oh", sagte Hardy, „frag mich etwas Leichteres!" - „Ich gebe dir ein paar Hinweise", ermunterte ihn Laurel. „Paß auf: Das Ding ist eiförmig, es sieht wie ein Ei aus, drin ist es flüssig, und wenn es gekocht wird, ist es fest und essbar." - „Oh je", sagte Hardy, „gib mir noch ein paar Hinweise." - „O.K. Das Ding ist von einer Henne gelegt worden und hat eine zerbrechliche Schale." - „Ja, jetzt weiß ich, es ist eine Erdbeertorte!"

Wie die Philosophen machen wir Dinge oft unnötig kompliziert. Die Dinge sind sehr einfach.

KONDITIONIERUNG

In England war es einst Sitte, dass man nicht mit einem Menschen sprach, wenn er einem nicht vorgestellt worden war. In der Nähe von Liverpool gab es eine Havarie, und zwei Engländer sprangen über Bord. Schweigend schwammen sie neben einander her. Schließlich fragte der eine: „Entschuldigen Sie vielmals, dass ich Sie so einfach anspreche. Aber ist dies der Weg nach Liverpool?"

Es muss oft erst eine Katastrophe geben, damit wir unsere Konditionierungen ablegen. Das heißt nicht, dass eine Katastrophe gut wäre. Wir können anstatt unsere Konditionierungen durch eine Katastrophe zu ändern, diese durch Bewusstheit anerkennen und ändern. Wir sind z. B. konditioniert, Alexander von Makedonien als ‚den Großen' zu bezeichnen, aber wenn wir ganz genau überlegen, war er ein Aggressor. Wenn er heute diese Feldzüge unternehmen würde, um eine Weltregierung anzustreben (was das gleiche ist wie eine Weltdiktatur), würden die Menschen ihn nicht als ‚den Großen', sondern als Aggressor bezeichnen.

Wer gerne in einer Hütte wohnt, fühlt sich in einem Palast fehl am Platze. Die indische Regierung hatte in Delhi den Slumbewohnern Wohnungen geschenkt. Weil sie aber darauf konditioniert waren, im Slum zu leben, hatten sie die Wohnungen verkauft und gingen zurück in den Slum.

Max: „Was sind die Kennzeichen von Konditionierung?"

Ryan: „Nicht alle Konditionierungen sind negativ. Wenn ich Klavier spiele, konditioniere ich meine Finger, zu spielen, ohne auf die Tasten zu schauen. Du musst zuerst prüfen, ob die Konditionierung positiv oder negativ ist. Kennzeichen von negativer Konditionierung sind u.a.

a)   Wenn du neue Ideen automatisch ablehnst, nur weil sie neu sind.

b)   Wenn du glaubst, du wirst von anderen geschnitten werden, wenn du eine andere Meinung hast.

c)   Wenn du die gleiche Meinung hast wie die Mehrheit oder die Medien (die Meinung des Zeitgeistes).

d)   Wenn ein Bekannter ein Buch liest, das du ablehnst, und du sagst zu ihm: ‚Was liest du denn für komisches Zeug?', dann bist du ein Minifaschist."

Max: „Hast du denn keinen Standpunkt? Sind z. B. alle Bücher für dich gleich wichtig oder unwichtig?"

Ryan: „Die Kunstwerke oder Bücher, die ich empfehle, sind natürlich von meiner Konditionierung bestimmt. Aber ich werde kein Buch verbrennen oder verbieten. Nur wer Angst hat, verbietet.

e)   Wenn du blind den Anweisungen der Bücher oder der Philosophen der Vergangenheit folgst."

Max: „Wenn ich z.B. sage, ‚Die Bibel sagt ...' oder ‚Platon sagt ...', dass ‚dies oder das richtig oder nicht richtig ist', ohne Rücksicht auf den Kontext und die veränderte Zeit zu nehmen."

Max: „Faschisten bestimmen, was wir lesen. Aber wir in der Demokratie lassen freiwillig einen Literaturkritiker bestimmen, welche Bücher gut und lesenswert sind."

Ryan: „Wenn wir negativ konditioniert sind, bestimmen die Werbefachleute, was wir lesen."

Max: „Dann sind Werbefachleute und Buchkritiker Faschisten?"

Ryan: „Nein, nein. Übe Discretio. Bei den Faschisten gibt es eine Strafe, wenn du verbotene Bücher liest. Unerwünschte Bücher werden dort verbrannt oder beschlagnahmt. Die Buchkritiker oder Werbefachleute bestrafen uns nicht, wenn wir ihre empfohlenen Bücher nicht lesen. Und sie verbieten, verbrennen oder beschlagnahmen weder die schlecht rezensierten Bücher noch die Bücher ihrer Konkurrenten."

Max: „Ich lese schlecht rezensierte Bücher gerne. Sie sind oft sehr interessant. Viele hoch bejubelte Bücher sind enttäuschend."

KONSUM

Angenommen, jemand befindet sich auf einem havarierten Schiff, und da gibt es zwei Rettungsringe. Auf dem einen steht ‚Christian Dior', und auf dem anderen steht ‚Gronky'. Welchen Rettungsring wird er nehmen?

KONTEXT

Kontext ist die Summe von kognitiven Elementen, die die Gültigkeit oder Anwendung von irgendwelchem menschlichen Wissen bestimmen. Wissen hat seine Wurzeln im Kontext.

KONZEPTE

Konzeptfakultät besitzt nur der Mensch. Konzepte sind Abstraktionen. Sie fassen das wesenhaft Gemeinsame von Dingen zusammen und lassen die individuelle Messung weg. (z.B. Schrank). Ein Schrank kann groß sein oder klein sein. Aber wir identifizieren ihn als ‚Schrank'.

Das Verhältnis von Konzepten zu ihren konkreten Bestandteilen ist das gleiche, wie das Verhältnis von algebraischen Symbolen (Buchstaben) zur Zahl. Das Verhältnis von Wahrnehmung zu Konzepten entspricht dem Verhältnis von Arithmetik zu

Algebra. Es gibt einfache Konzepte und Konzepte von Konzepten. Letztendlich können wir alle Konzepte existentiell auf Objekte zurückführen. Konzepte sind objektiv, sie sind ein Produkt aus dem Verhältnis zwischen Bewusstsein und Existenz, ein Produkt menschlicher Erkennensform, die bei jedem Schritt von den Tatsachen der Realität bestimmt werden sollte. Ohne Objekt gibt es kein Konzept. Das Konzept beinhaltet alle Charakteristika des Objektes, bekannt oder unbekannt.

KOPF UND HERZ

Das Herz ist der Wald und der Kopf sind die Bäume. Es gibt keinen Widerspruch zwischen Kopf und Herz. Man fühlt sich so, wie man denkt. Man kann nicht allein nach Gefühlen gehen. Die Gefühle sind wie ein Wald und die Gedanken sind die Bäume. Die Bäume bilden den Wald und die Gedanken bilden die Gefühle. Ein Wald ohne Bäume ist kein Wald. Es gibt keine Gefühle ohne Gedanken. Wenn die Gedanken unlogisch, ungeordnet und wirr sind, entstehen willkürliche Gefühle. Wenn die Gedanken geordnet sind, entstehen ethisch gute Gefühle.

KREATIVITÄT

Der Mensch hat die Macht der Kreativität. Kreativität ordnet Elemente neu, integriert und kombiniert sie auf eine vorher noch nicht bekannte Weise, aber sie kann nichts in die Existenz neu einbringen, was vorher noch nicht existiert hat. Sie kann nicht aus dem Nichts schöpfen.

KREDITKARTE

Eine Kreditkarte ist der schnellste Weg, Schulden zu machen. In Indien haben die mittleren und neureichen Klassen Kreditkarten. In Amerika ging ich mit einem wirklich reichen Mann in einen Laden. Er bewunderte einen Artikel und wollte ihn kaufen. ‚Ach, ich habe leider nicht genug Geld dabei‘, sagte er. - Ich sagte: ‚Aber Sie können doch mit Ihrer Kreditkarte bezahlen.‘ – ‚Nein‘, sagte er. ‚Ich bezahle bar, wenn ich Geld habe. Wenn nicht, kaufe ich nicht. Als ich eine Kreditkarte hatte, habe ich impulsiv emotional eingekauft. Ich habe vieles gekauft, das ich gar nicht gebraucht hätte. Am Ende des Monats musste ich eine sehr große Summe bezahlen. Dazu die Gebühren. Wissen Sie, wie hoch die Gebühren sind? Offensichtlich weiß das niemand. Jedenfalls bezahle ich jetzt nur noch bar. Und ich kaufe nicht impulsiv emotional.‘ – ‚Die Menschen kaufen aus emotionalen Gründen‘, sagte ich. – ‚Ja‘, sagte er. ‚Und dann rechtfertigen sie hinterher ihre emotionale Wahl mit logischen Begründungen. Beim Einkauf schalten sie ihren Intellekt aus und kaufen emotional, hinterher schalten sie ihren Intellekt ein, um die emotionale Wahl intellektuell begründen zu können. Insider benutzen keine Kreditkarten.‘

KRIPPE

Die Geburt Jesu in einer Krippe symbolisiert die Geburt der feinstofflichen Seele in einem irdischen Körper.

KRITIK

Kritik ist das Einzige, das wir von allen Ecken gratis und unaufgefordert bekommen. Manchmal ist Kritik berechtigt und manchmal nicht. Wir sind zwar in beiden Fällen oftmals verletzt, aber wir entscheiden selbst, ob wir die Kritik annehmen oder nicht, und ob wir sie dazu benutzen, unser Verhalten zu verändern. Manchmal ist die Kritik konstruktiv und bietet Verbesserungsvorschläge, über die ausschließlich wir selbst entscheiden, ob wir sie annehmen oder nicht. Wenn die Kritik zutrifft, wenn wir also entscheiden, die Kritik in unser System zu übernehmen, sind wir dafür dankbar. Wenn wir feststellen, dass die Kritik nicht zutrifft, dann lassen wir uns nicht von ihr herunterziehen.

Unsere Meinung über uns selbst soll nicht von anderen kommen. Wir selbst müssen wissen, wer wir sind. Dann sind wir nicht von der Meinung anderer abhängig. Wir sind keine Opfer dieser Welt. Im Allgemeinen haben wir alles in unserer Hand. Wir sind von den Meinungen der anderen nicht abhängig, es sei denn, wir nehmen deren Meinung an. Nur wenn wir eine Aussage glauben, gewinnt sie Macht über unser Selbstbild. Nur was wir in unsere Selbstrede übernehmen, hat Macht über uns. Deshalb entscheidet die Selbstrede darüber, wie wir Kritik verdauen.

Natürlich gibt es konstruktive Kritik. Wenn der andere uns liebevoll auf etwas hinweist, das wir tatsächlich falsch machen, dann unterstützt er uns mit seiner Kritik, z.B. „Du bist ein schneller Läufer. Wenn du dich richtig ernährst, kannst du deine Leistung steigern."

Es gibt aber auch negative Kritik, z.B. „Du bist doof." Wir entscheiden selbst, ob wir das annehmen wollen oder nicht. Wir brauchen uns nicht zu verteidigen. Es genügt, wenn wir die positive Selbstrede in unserem Kopf sagen. Wenn wir in solchen Fällen die positive Selbstrede nicht praktizieren, programmiert sich unser Selbstbild mit den negativen Aussagen von anderen Menschen. Welches Selbstbild wir haben, entscheiden nur wir selbst.

KÜNSTLER

Ein Künstler bietet uns seine Einstellung über das Universum als eine konkrete Einheit an. Er gibt uns seine Ansicht über die Essenz des Universums, so wie er es sieht. Er gibt dieser Weltanschauung eine bestimmte Gestalt, einen bestimmten Stil. Dieser Stil stellt die Essenz der metaphysischen Einstellung des Künstlers dar.

KUMMER/ÄRGER

Wenn Sie Probleme haben, reden Sie mit Freunden darüber. Aber reden Sie nicht mehr als wenige Male darüber. Reden Sie kurz darüber, das erleichtert Sie, aber reden Sie nicht nur von Ihren Problemen. Je mehr Sie darüber reden, desto mehr Energie bekommt das Problem. Das ständige Reden über Ihr Problem kann Ihr Freund nicht aushalten, es ist unangenehm für ihn. Nehmen Sie Rücksicht auf Ihre Freunde, sonst werden Sie die wenigen Freunde, die Sie haben, noch verlieren. Reden Sie mit dem Freund über den Freund, nicht über sich. Fragen Sie ihn nach seinen Interessen, Gedanken, Wünschen, auch wenn es schwer fällt.

Suchen Sie eine Erleichterung für Ihren Ärger anderswo. Richten Sie Ihre Gedanken auf andere Dinge. Steigen Sie aus dem Ärger aus. Tun Sie Dinge, die absolut nichts mit dem Ärger zu tun haben. Suhlen Sie sich nicht in den problematischen Gedanken. Kommen Sie nicht immer wieder auf den Ärger zurück. Lesen Sie ein Buch, gehen Sie zu einer Veranstaltung, treffen Sie Freunde, usw.

KUNST

Kunst ist eine ausgewählte Wieder-erschaffung/Wiederschöpfung von Existenz, und zwar nach den metaphysischen Werturteilen des Künstlers. Kunst erfüllt ein dringendes, wichtiges Bedürfnis des Menschen. Dieses Bedürfnis ist nicht materiell sondern geistig.

Kunst bringt die Konzepte auf die Ebene der sinnlichen Wahrnehmung. Natürlich kann uns die Kunst an und für sich nicht eine Philosophie geben. Kunst allein reicht nicht aus. Aber Philosophie alleine ist auch nicht ausreichend. Man braucht beides, die abstrakten Aussagen der Metaphysik und die künstlerische Konkretisierung der Prinzipien, das eine ernährt den Geist, das andere die Seele.

Um die Macht der Existenz zu begreifen, müssen unsere metaphysischen Abstraktionen in konkreter Form präsentiert werden, mit anderen Worten – als Kunst.

Alle großen Kunstwerke weisen die folgenden Merkmale auf:

1. Das Kunstwerk ist verstehbar.

    Wir sind konditioniert zu glauben, dass all das, was wir nicht verstehen, besonders wertvoll sei, und wir denken, dass wir ‚armen unwissenden Laien‘ nicht in der Lage seien, ‚hohe Kunst‘ zu verstehen. Wenn wir ein Buch nicht verstehen, dann denken wir nach dieser Konditionierung, der Autor sei besonders klug, und wir seien Schwachköpfe. Es ist hier interessant, eine kopernikanische Revolution zu machen, indem wir uns selbst für klug und den Autor für einen Schwachkopf halten.

2. Alle Elemente in dem Kunstwerk sind durch eine spezifische Idee integriert.

3. Jedes Element in dem Kunstwerk dient sinnvoll dem Gesamtausdruck.

Kunst soll den Geist bereichern und ein Ideal darstellen. Möglicherweise hatte die Frau, die für die Mona Lisa Modell saß, einen Pickel, Leonardo da Vinci jedoch hatte sich auf das Schönste konzentriert, auf das Ideal, und die Frau makellos dargestellt. So sollte Kunst sein, die unseren Geist bereichert. Sie soll nicht die negativen, sondern die positiven Gefühle darstellen.

Max: „Soll schlechte Kunst verboten werden?“

Ryan: „Nein. Keine Kunst darf verboten werden. Wir müssen Freiheit haben. Schöne Kunst kann nur in Freiheit gedeihen.“

LACHEN

Das Beste, um gesund zu bleiben, ist zu lachen. Sie haben dabei oft ein schlechtes Gefühl, weil Sie meinen, zu leiden sei besser. Aber das stimmt nicht. Lachen Sie so oft und so herzhaft wie möglich. Das ist ein Geheimnis Ihrer jugendlichen Ausstrahlung. Die Welt ist gegen das Lachen und für das Leid. Wenn Sie weinen, werden die Menschen zu Ihnen kommen und Ihnen helfen, wenn Sie lachen, sind die Menschen neidisch. Lachen Sie zumindest innerlich.

LAST

Ein Mann trug einen Fels unter dem Arm. Er sammelte Steine und legte sie in einen Korb auf seinem Kopf und auf seinem Rücken trug er einen Rucksack, in den er seinen Müll warf. Der Mann fühlte sich erleichtert, als er die Lasten eine nach der anderen ablegte. Jetzt konnte er frei und aufrecht gehen.

Die negativen Emotionen drücken das Herz zusammen wie der Fels. Die negativen Emotionen sind Hass, Neid, Rache. Die negativen Gedanken werden durch die Steine dargestellt. Negative Gedanken sind Gedanken, die zu Schuldgefühlen, Minderwertigkeitskomplexen, Antriebslosigkeit, Depression führen. Die Last der Vergangenheit wird durch den Müll im Rucksack dargestellt. Vergangene Lasten sind Groll, Selbstmitleid.

LEBEN

Leben ist der Grundwert. Das Leben ist Voraussetzung für spirituelle Bewusstseinsentwicklung. Nur das Konzept des Lebens macht das Konzept von Werten möglich. Ohne das Konzept ‚Leben‘ ist das Konzept ‚Werte‘ sinnlos.

LEBENSBEJAHUNG

Die Welt läuft nicht willkürlich. Wir können unsere Ziele erreichen. Wir erhöhen unser Bewusstsein, indem wir das Leben bejahen und Werte schaffen, um überreich zu leben. Durch Bejahung des Lebens lassen wir uns nicht von dem Leid bestimmen. In Joh 10,10 steht: ‚Ich bin gekommen, damit sie das Leben haben und es haben überreich‘.

LEBENSERWARTUNG

Wissenschaftler der Universität Berkeley in Kalifornien, USA, kamen zu dem Ergebnis, dass es keine Anzeichen für eine Höchstgrenze der menschlichen Lebenserwartung gebe. Die maximale Lebenserwartung ist keine biologische Konstante.

LEBENSGLÜCK

Ein Mann arbeitete in einer großen Fabrik. Jeden Tag zum Mittagessen hat er Salami-Sandwich gegessen. Und jedesmal schimpfte er: „Schon wieder Salami-Sandwich!" Jeden Tag schimpfte er. Jeden Tag! Jahrelang! Dann fragten ihn die

Mitarbeiter, die Mitleid mit ihm hatten: „Warum sagen Sie Ihrer Frau nicht, dass sie Ihnen etwas anderes zubereiten soll?" - „Frau?" entgegnete er, „ich habe keine Frau. Ich bin ledig. Ich mache mir meine Sandwichs selbst."

LEID

Solange die unsterbliche Seele im Körper ist, können wir Leid nicht verhindern, aber der Mensch muss versuchen, gegen diese Schwierigkeit anzukämpfen, die Vernunft benutzen, die Ursache des Leides herausfinden und ihr entgegen treten. Wir müssen das Leid weder verdrängen, noch es einladen, noch vor ihm flüchten. Wir überwinden das Leid. Nicht das Leid oder die Flucht vor dem Leid, sondern dessen Überwindung erhöht unser Bewusstsein.

Max: „Brauchen wir also das Leid, um unser Bewusstsein zu erhöhen, bzw. brauchen wir das Leid, um Glück zu erkennen?"

Ryan: „Wir brauchen Leid nicht, wir erleben Leid nur, wenn wir Fehler machen und unseren freien Willen gegen die Realität einsetzen. Wir erhöhen das Bewusstsein auch ohne Leid, indem wir merken, was wir immer besser machen können. Wir brauchen das Leid nicht, um Glück zu erkennen. Höheres Bewusstsein besteht aus Einsichten, Discretio, Liebe, Verständnis usw."

Hilfen für LERNBEHINDERTE KINDER

‚Eine vergnügte Ballonfahrt ins Leseland', von Hiltraud Prem, Grafenstein Verlag

‚Zirkus Zamboli', 3 Bände, von Karin Schwieger, Klett Verlag

Wenn Kinder Lernbehinderungen zeigen, ist es u.a. wichtig, dass sie erst dann mit dem Taschenrechner rechnen, nachdem sie das 1x1 gelernt haben.

LERNEN

So lange wir lernen, bleiben wir jung und fit. Wenn wir aufhören zu lernen werden wir alt. Kinder, Jugendliche und Studenten sind sehr vital und attraktiv, nicht weil sie jung sind, sondern weil sie lernen. Wenn sie aufhören zu lernen verlieren sie ihre Schwingungen, ihre Anziehungskraft, ihren Charme und ihr Charisma. Es gibt alte Leute, die sehr charmant und attraktiv sind, weil sie ihren Geist trainieren. Es gibt immer etwas dazuzulernen. Ich hörte von einem Mann, der mit 80 Jahren eine neue Sprache lernte. Eine Frau begann mit 75 Jahren, das Klavierspielen zu lernen. Ein Liebespaar heiratete, beide waren über 80 Jahre alt. Eine 90-Jährige unternahm weite Weltreisen. Sicher gibt es noch viel mehr Menschen, die ihr Leben lang gerne dazu lernen, sich Ziele setzen und so ein sehr erfülltes, positives, glückliches Leben leben.

LICHT

Der Schatten ging einmal zu Gott und beklagte sich: „Lieber Gott, ich werde von einem Deiner Geschöpfe immer gejagt. Von morgens bis abends werde ich gejagt." - „So?" sagte Gott, „wer ist denn das?" - „Die Sonne jagt mich jeden Tag von morgens bis abends. Ich kriege nirgendwo Ruhe!" klagte der Schatten. Darauf versprach Gott, die Sonne zur Rede zu stellen. Am anderen Tag rief er sie zu sich und sagte zu ihr: „Sonne, gegen dich liegt eine Klage vor!" - „Weswegen?" fragte die Sonne. - „Du jagst den Schatten von morgens bis abends, jeden Tag!" - „Wen soll ich jagen?" fragte die Sonne erstaunt. „Den Schatten", erwiderte Gott. - „Kenne ich nicht", sagte die Sonne. „Aber es ist mir sehr unangenehm. Zeig ihn mir, damit ich ihn kennenlerne und ihn in Zukunft verschonen kann."

LIEBE

Liebe ist eine bestimmte positive Emotion, die wir durch ein Objekt oder einen Menschen bekommen. Liebe ist ein Zustand, den wir durch Innenschau feststellen. Wenn der Inhalt eine große Tiefe hat, ist Freude da. Diese Freude kann man messen, je nach der Intensität. Die Intensität der Liebe richtet sich nach der Hierarchie der Werte. Ein bestimmtes Objekt/ein bestimmter Mensch macht mir Freude und entspricht meinen Werten. Ich bin darin verliebt und das gibt mir Freude. Aber diese Freude ist nach meiner hierarchischen Skala zu messen.

Wenn ein Mensch gute Werte in einem anderen sieht, dann bewundert er diesen Menschen, und das ruft bestimmte Emotionen hervor. Dieses Werturteil über die Werte von anderen Menschen drückt sich als Liebe aus. Liebe kann ein Leben lang wachsen durch Erhöhung der Werte.

Das Leben ist schön. Liebe ist der größte Schutz. Lasst uns unsere Gegenwart genießen! Lasst die Gegenwart ganz von Liebe erfüllt sein! Wir lieben uns selbst und wir lieben den anderen, indem wir verzeihen und indem wir aufhören, uns und andere zu beschuldigen und zu verdammen. Liebe ist das Gesetz der Fülle: Je mehr wir geben, um so mehr bekommen wir. Wenn wir Liebe ausbreiten, kommt sie tausendfach zurück. Wer mehr Liebe hat, wird noch mehr Liebe bekommen. Wer keine Liebe hat, dem wird auch die kleine Liebe, die er scheinbar hat, genommen.

„LIEBE DEINE FEINDE"

Um glücklich zu sein, muss ich mich selbst mögen. Ich mag keine Menschen, die gemein und voll Hass sind. Aber wenn ich gemein zu anderen Menschen bin, dann weiß ich, dass ich gemein bin, auch wenn andere das nicht wissen. Weil ich gemeine Menschen nicht mag, kann ich mich nicht mögen, wenn ich gemein bin. Wenn ich mich nicht mag, kann ich nicht glücklich sein. Deshalb sagte Christus ‚Liebe Deine Feinde.'

LÖSUNG

Wenn der Suchende des positiven Weges mitmenschliche Beziehungen hat, denkt er an eine glückliche Lösung, bei der alle einen Gewinn haben. So entstehen optimale Lösungen. Dieses Prinzip gilt sowohl für Beziehungen wie für Organisationen oder Geschäfte. Ziel des menschlichen Miteinander-Lebens ist eine Win-Win-Lösung, d.h. Vorteile für beide Seiten. Dies steht im Gegensatz zu der Lose-Lose-Lösung des Kompromisses (Verlust für beide), oder Win-Lose-Lösung des einseitigen Nachteils (einer gewinnt, der andere verliert).

LOGIK

Logik ist wichtig. Logik sind Argumente, die zur Wahrheit führen. Logik ist für die intellektuelle Ebene zuständig. Sie soll uns vor Irrtümern schützen. Wir verlieren dann nicht unseren Bezug zur Realität. Unsere Wurzeln sind tief in der Erde verankert, und wir haben Flügel für den Himmel. Je höher der Baum ist, um so tiefer gehen die Wurzeln. Je spiritueller wir sind, um so mehr Logik benutzen wir.

<u>Max</u>: „Wie kann Logik uns vor Irrtümern schützen?"

<u>Ryan</u>: „Ich gebe ein Beispiel aus dem Buch ‚Völlig logisch', das nächstes Jahr erscheinen wird:

<u>Wolf</u>: „Guten Abend. Du ..., du heißt ..."

<u>Rotkäppchen</u>: „Rotkäppchen, aber ...."

Wolf: „Rotkäppchen! Das ist ein ungewöhnlicher Name. Erlaube mir, mich vorzustellen. Ich heiße Terr ..., ähh, wie heiße ich?"

Rotkäppchen: „Du weißt nicht wie du ...!"

Wolf (unterbricht schnell): „Doch." - (Er denkt, ‚Wie kann ich ihr sagen, dass ich Terrorswat heiße? Sie wird erschrecken. Aber Public-Relation-Tricks werden mir helfen. Ich muss mir nur eine neue Packung – einen neuen Namen geben. Die Leute erschrecken mit Recht vor genmanipulierten Lebensmitteln. Die PR-Leute taufen die Lebensmittel dann ‚Functional Food', ‚probiotisch' usw., oder sie umschreiben Weltdiktatur mit ‚Weltregierung' oder ‚Globalisierung'.... Ah, ich werde mich ‚Süßlämmchen' nennen) - „Ich heiße, ähh ... Süßlämmchen."

Rotkäppchen: „Süßlämmchen? Entschuldige, Süßlämmchen, meine Mama hat gesagt, ich soll nicht mit Fremden reden."

Wolf: „Ein Zufall. Meine Mama hat mir genau das Gleiche gesagt!"

Rotkäppchen: „Dann tschüs!"

Wolf: „Moment mal!" - (Er denkt: ‚Ich muss mir schnell etwas einfallen lassen. Die PR-Leute würden ‚Fremder' anders definieren. Ah, jetzt hab ich's!) – Deine Mama und meine Mama haben Recht. Wir sollen nicht mit Fremden reden. Aber überlege einmal. Wie können wir Fremde sein? Ich weiß, wie du heißt, und du weißt, wie ich heiße." (Er lacht insgeheim ‚Hehehe. Es ist einfacher, als ich gedacht habe...) „Ich freue mich, dass du so vernünftig bist.

Aber... was suchst du denn da in deinem Korb? Ein Buch?"

Rotkäppchen: „Ja, ich bin vernünftig. Du hast ‚Fremder' anders definiert, als meine Mutter. Clever! Aber clever bist du nicht allein! Dieses Buch hier, ‚Völlig logisch' warnt mich vor Fehlschlüssen." Und Rotkäppchen schlägt ‚Süßlämmchen' mit dem Buch auf den Kopf.

Wolf: „Auuuaaah". Er läuft weg.

Max: „Das ist eine lustige Geschichte über den Wert der Logik. Aber etwas ist unlogisch. Das Buch ‚Völlig logisch' ist (Stand Dezember 2000) noch nicht herausgegeben worden."

Ryan: „Du hast richtig logisch gedacht."

MACHT

Sir Francis Bacon formulierte den Satz „Wissen ist Macht". Dieser Satz war nicht neu, aber die Einstellung, die damit zum Ausdruck gebracht wurde, war neu in der westlichen Welt. Die Natur konnte durch wissenschaftliche Erkenntnis zum Wohl des Menschen genutzt werden. Dazu mußte der Mensch aktiv werden.

Recht ohne Macht ist Ohnmacht. Macht ohne Recht ist Tyrannei.

MANN

Seiner Natur nach gibt es einem Mann die größte Freude, einer Frau zu dienen und sie glücklich zu

machen. Sein Selbstwertgefühl ist der Motor dazu. Aber ein Motor braucht Benzin. Dann läuft der Motor. Der Mann wird alles tun, um die Frau glücklich zu machen und die Frau pflegt und erhöht das Selbstwertgefühl (das Benzin) des Mannes.
(siehe: Heidrun Maurer, ‚Seelisch fit für die Liebe‘, Libri BOD)

MANTRA

Ein Mantra ist ein ständig wiederholtes Wort oder Satz. Es gibt kein geheimes Mantra. Es ist egal, welches Mantra benutzt wird. Ein Mantra hat die emotionale Wirkung eines Tranquilizers. Es versucht, Stress abzubauen, aber es erhöht das Bewusstsein nicht.

MATERIE

Materie ist Teil des irdischen Lebens. Wenn wir in der Materie leben, müssen wir die Materie genießen, Werte schaffen und überreich leben. Die Materie ist nicht unser Feind, sondern ermöglicht uns, Erfahrungen zu sammeln und unser Bewusstsein zu erhöhen.

MAYA

Maya kommt von ‚messen‘, d.h. diese Welt ist eine ‚abgemessene‘ Welt und sie ist ein Teil der gesamten Realität. Was wir wahrnehmen ist der Teil der Realität, der vergänglich ist. Es gibt aber darüber hinaus den unsterblichen Teil der Realität, dem wir ebenfalls angehören. Beide sind real. Die Inder sagen, was vergänglich ist, ist Maya, ist Illusion. Das heißt nicht, dass es nicht real ist. Es ist vergänglich im Gegensatz zu der Ewigkeit, dennoch ist es real. Illusion im Sinne von Maya heißt nur Vergänglichkeit. Unsere westliche Interpretation von Illusion als Nichtrealität ist damit nicht gemeint. Unsere irdische Existenz ist vergänglich und real.

MEHRHEIT

Was die Mehrheit für richtig hält, ist nicht automatisch richtig. Richtig ist, was richtig ist. Was das ist, muss nach objektiven und logischen Gesetzen und Prinzipien festgestellt werden und ist keine Frage der Mehrheit oder des Zeitgeistes.

MEINUNG / TATSACHE

Eine Meinung ist ein Glaube, den man nicht beweisen kann. Eine Tatsache ist ein Aspekt der Existenz, der unabhängig vom Glauben jedwedes Menschen ist.

MENSCH

Der Mensch gehört beiden Bereichen an: Mit dem physikalischen Leib gehört er der Erde an. Seine unsterbliche Seele macht ihn zu einem Mitglied des spirituellen Bereiches. Der Mensch vereinigt also beide Welten in sich und macht sie zu einer Realität.

MENSCHLICHE NATUR

Der Mensch ist ein Lebewesen mit freiem Willen. Er hat Leben, aber sein Überleben ist nicht garantiert. Mit Hilfe der Vernunft kann er überleben und darüber hinaus seine individuellen Bedürfnisse erkennen und deren Erfüllung suchen. Er hat das gesamte Potenzial, die Gesetzmäßigkeiten der Natur zu finden, Zusammenhänge zu erkennen, glücklich zu werden und sein Bewusstsein zu erhöhen. Es liegt in seinem freien Willen, dieses Potenzial zu nutzen.

MINERALIEN

In der Natur ist die Süße der Karotten oder Ananas das Kennzeichen für einen reichen Gehalt an Mineralien.

Max: „Die Gentechnik-Bastler können durch Genmanipulation die Karotten, Ananas etc. süß machen, obwohl sie mineralarm sind. Ich habe auch Erdnüsse mit hohlen Hülsen gefunden."

Ryan: „Wenn der Boden kein Mangan hat, gibt es hohle Schalen. Durch Genmanipulationen können die Gentechniker volle Erdnuss-Schalen erzeugen, obwohl die Erdnüsse kein Mangan und andere Mineralien enthalten. Das ist wie ein Auto mit einer Mercedes-Benz-Karosserie und Stern, aber mit einem Motor, den ich mir selbst gebastelt habe."

Max: „Aber in der Natur sind die Lebensmittel nicht haltbar. Sie verfaulen leicht."

Ryan: „Sie verfaulen, wenn sie nicht mineralreich sind. Gurken, Kürbis, Zitronen usw. faulen nicht, wenn sie in mineralreichem Boden wachsen. Sie werden lediglich schrumpeln und austrocknen, aber nicht verderben. Ich habe eine Zitrone, die mehr als zehn Jahre alt ist. Sie ist nicht verfault, nur trocken und braun geworden."

Max: „Die genmanipulierten Früchte, die wie echt aussehen, sind länger haltbar. Meist sehen sie außen sehr schön aus, innen aber sind sie faul. Oder der Kern ist weich. Aber die genmanipulierten Pflanzen sind gegen die Pestizide unempfindlich. Nur das Unkraut wird angegriffen. Ist das nicht gut?"

Ryan: „Der Pflanzenkiller Bromoxynil wird von den genmanipulierten Pflanzen in den Pflanzengeweben abgebaut. Das abgebaute Produkt, DBHA genannt, ist fast so giftig wie Bromoxynil. Nicht für die Pflanzen, wohl aber für die Menschen."

Max: „Dr. Frankenstein, Gentechniker, bei der Arbeit! Aber trotz allem: die genmanipulierenden Firmen behaupten, durch Genmanipulation werden sie den Welthunger beseitigen."

Ryan: „Das wollen die Public-Relation-Leute, dass das Publikum so glaubt. Werden die Lebensmittel an die hungrigen Millionen, die unter der Armutsgrenze leben, kostenlos verteilt? Und wenn ja, sind es dann nur leere Kalorien ohne Vitalstoffe?"

Max: „Aber die können doch mit Vitalstoffen angereichert werden durch Genmanipulation!"

Ryan: „Mit Omega-3-Fettsäuren oder Vitaminen ja. Aber nicht mit Mineralien. Die Mineralien müssen aus dem Boden aufgenommen werden. Dafür hilft die Genmanipulation nicht. Der Boden muss reich an Mineralien sein."

Max: „Was ist mit Pestiziden? Die brauchen wir doch, oder?"

Ryan: „Wenn die Pflanzen mit Mineralien versorgt sind, brauchen sie keine Pestizide. Die Insekten greifen gesunde Pflanzen nicht an. Gesunde Pflanzen sind süß und die Insekten, die diese Pflanzen essen, werden den Zucker in Alkohol umwandeln. Die Insekten werden betrunken und fallen herunter von der Pflanze. Also vermeiden die Insekten die gesunden Pflanzen. Genau wie die Bakterien denjenigen Menschen nicht schaden, die gesund sind. Statt Milliarden für Genforschung auszugeben, würden wir den Menschen in der Dritten Welt helfen, wenn wir den Boden mit Mineralien bereichern würden. Dann gibt es eine große Ernte, haltbar, mineralreich und gesund. Die genmanipulierten Pflanzen sind nicht mineralreich. Im Gegenteil täuschen sie uns das nur vor. Sie haben die äußeren Merkmale der nährstoffreichen Naturlebensmittel – haltbar und süß – aber sie sind in Wahrheit mineralarm."

Max: „Gentechnik ist nicht die Lösung für den Welthunger."

MISCHWESEN (CHIMÄREN)

Max: „Unsere Nachkommen werden die Überlegungen und Versuche der Gentechnik des 21. Jahrhunderts als ‚Dr. Frankenstein' entlarven. Ich habe in einer Zeitung gelesen, dass amerikanische Gentechniker ‚ein Mischwesen aus Mensch und Schwein gezüchtet' haben. Im Labor der ‚Biotransplant' (USA) sind Zellen von menschlichen Föten in Zellen von Schweinen implantiert worden.

Gilt ein solchen Mischwesen (Chimära = Ungeheuer der griech. Sage, Chimäre = auf dem Wege der Mutation oder Pfropfung entstandener Organismus) rechtlich als Mensch oder Tier? Wenn das Wesen als Tier gilt, kann es Verbrechen begehen, ohne sich dadurch strafbar zu machen..."

MISSBRAUCH

Die Möglichkeit, dass etwas falsch benutzt wird, bedeutet nicht, dass es nicht richtig benutzt werden kann, oder dass es überhaupt nicht benutzt werden sollte. Gedanken können uns unglücklich machen, aber das heißt nicht, wir müssen alle Gedanken, gute und schlechte, ausschalten. Aktivitäten können Menschen schaden, das heißt aber nicht, wir sollen überhaupt keine Aktivitäten leisten. Weil Beziehungen uns unglücklich machen können, heißt das nicht, dass wir Beziehungen vermeiden oder als Einsiedler leben sollen. Weil Geldmangel uns unglücklich macht, heißt das nicht, dass Geld abgeschafft werden muss. Solche Lösungen sind wie die Lösung des Mannes, der sein Geld unter der Wolke versteckt hatte.

MISSERFOLG

Wenn wir andere beschuldigen, können wir nicht erkennen, warum etwas schief gegangen ist. Wenn wir einen Misserfolg haben, müssen wir den Grund dafür suchen, nicht einen Sündenbock.

MITGEFÜHL

Mitgefühl ist ein Aspekt der Liebe. Wenn andere Menschen unglücklich sind, müssen wir jedoch nicht auch unglücklich sein, um unser Mitgefühl auszudrücken. Wir wissen, wie der andere sich fühlt, aber wir bleiben fröhlich. Wenn wir auch leiden, dann gibt es zwei Menschen, die leiden. Nur wenn wir fröhlich und positiv und stark bleiben, können wir dem anderen helfen.

MITTELWEG

Aristoteles sagte: „Im einen Extrem ist ein Mensch, der zu wenig Selbstbewusstsein hat, und der sagt, dass er wertlos und für nichts gut sei. Im anderen Extrem ist der dreiste Mensch, der ohne Ende an sich selbst denkt und eine zu hohe Meinung von sich besitzt. Der Mensch, der sich in der Mitte befindet, ist der Mensch mit der richtigen Haltung, oder der goldenen Mitte."

Das Konzept der ‚goldenen Mitte' scheint vernünftig zu sein. Kein Wunder, dass die Griechen deshalb großen Wert auf die Mäßigkeit legten. Ihr Fehler war, dass sie die selbe Haltung in drei Grade der Intensität unterteilten und dann falsch schlussfolgerten, dass die extremen Haltungen irrational wären. Dann begingen sie den Fehler, Mäßigkeit so zu definieren, dass sie bedeutet, zu jedem Problem einen Kompromiss zu finden, indem die Widersprüche akzeptiert werden und die Logik verworfen wird. Das einzige Ziel war, die Mitte zu finden, und all das im Namen der Vernunft.

Extemismus bedeutet im üblichen Verständnis rücksichtslose Konsequenz. Wenn die Grundprämisse des Menschen falsch ist, dann ist Extremismus irrational. Wenn aber die Grundprämisse des Menschen richtig ist, dann ist Extremismus eine Tugend.

Der Grund dafür, dass die Griechen Mäßigkeit bevorzugten, war, dass sie mit beiden extremen Parteien Freunde sein wollten. Sie wollten keine Verantwortung für einen Standpunkt übernehmen und so beschlossen sie, beide Parteien zu beschwichtigen. Sie gaben das Denken auf und wollten an jeder extremen Sichtweise teilhaben. Das nannten sie die ‚goldene Mitte'."

Jemand sagte, es gäbe zu jeder Frage genau zwei Seiten - eine richtige und eine falsche. Aber die Mitte sei immer schlecht.

- Die Sichtweise der Mäßigkeit ist unpraktisch. In den Vereinigten Staaten gab es auf der einen Seite Extremisten, die keine Steuern wollten. Die Extremisten auf der anderen Seite wollten eine Einkommenssteuer von 4%. Die Leute der Mitte sagten: „Laßt uns nun die Mitte einnehmen und eine Einkommenssteuer von 1% haben." Die 4%-Extremisten stimmten zu. - Und nach kurzer Zeit verlangten sie eine 10%-Steuer. Die mäßigen Leute baten nun um 5% , und es ging so lange so weiter, bis die mäßigen Leute um 38% bitten mussten!

- Wenn ein Dieb käme, um all Ihr Eigentum zu stehlen und Ihre Kinder wollten ihm nichts geben, würden Sie dann die Position der Mitte einnehmen und ihm die Hälfte von dem geben, was er verlangt?

Die richtige Sichtweise ist, Fakten nach logischen Gesetzmäßigkeiten zu beurteilen, und nicht danach, ob sie sich in der Mitte befinden.

MORALITÄT

Der Mensch braucht eine spirituelle und rationale Moralität. Ethische Maßstäbe, die auf Willkür beruhen, müssen abgelehnt werden. Moralität ist eine Notwendigkeit, Moralität ist ein Bedürfnis des Menschen. Warum? Die Tatsachen der Realität und die Natur des Menschen, die Voraussetzungen für sein Überleben, verlangen eine bestimmte Handlungsweise, deshalb ist es nicht ein Luxus, sondern ein Bedürfnis.

1. Moralische Werte sind Werte, die wir freiwillig durch Wählen annehmen.

2. Moralische Werte sind Grundwerte, sie sind fundamentale Werte, sie sind Werte, die den ganzen Kurs des Lebens entscheiden, im Gegensatz zu engeren, spezialisierten Werten.

3. Ein gültiger moralischer Code basiert auf Vernunft.

4. Die wichtigsten moralischen Werte sind das Recht auf Leben und das Recht auf Eigentum. Diese Werte zu schützen ist Moralität.

Paulus sagt in Röm 7,19 „Denn das Gute, das ich will, das tue ich nicht; sondern das Böse, das ich nicht will, das tue ich." Er meinte damit, es sei unmöglich, moralisch vollkommen zu sein. Aber es ist möglich, moralisch vollkommen zu sein. Wenn die Moral eine rationale Moral ist, die auf der menschlichen Natur basiert, dann ist es möglich.

Was gehört nicht zu Moralität? Kleidung, Sexualität, Denken an Sexualität, haben nichts mit Moralität zu tun. Kleidung ist nie moralisch oder unmoralisch. Es ist eine Frage der Mode aber nicht der Moralität. Mit Minirock in die Kirche zu gehen ist eine Frage des Rituals, nicht eine Frage der Moralität. Gott kann nicht beleidigt werden, er hat uns nackt erschaffen. Was ist Moralität? Die primäre moralische Pflicht eines Menschen ist es, sein eigenes Leben verantwortungsvoll zu erhalten und das Recht auf Leben und Eigentum zu schützen.

MOSES

Moses führt die Israeliten durch die Wüste – 40 Jahre lang! Er wollte sie zum ‚verheißenen Land‘ führen. Das „verheißene Land" ist unser erhöhtes Bewusstsein.

MÜLLGENE

Ryan: „Die Gentechniker gestehen ein, dass sie nicht alle Gene entschlüsseln können. Die Gene, die nicht entschlüsselt werden können, werden ‚Müllgene‘ genannt. Die Gentechniker behaupten, die ‚Müllgene‘ seien nicht wichtig. Wirklich? Wir manipulieren einige Gene, ohne die geringste Ahnung zu haben, wie die ‚Müllgene‘ reagieren werden."

Max: „Ich kann mir nicht vorstellen, dass diese Gene keine Aufgabe haben sollen. Die Nachteile werden wir erfahren. Oder unsere Kindeskinder in zwei- oder fünfhundert Jahren."

MPD (Multiple personality disorder/dissociative identity disorder)

Von Psychiatern erfundene psychische Krankheit, derzufolge ein Mensch mehrere Persönlichkeiten in sich vereinigen soll. Eine Persönlichkeitsidentität soll in der Lage sein, eine andere Persönlichkeitsidentität so zu ersetzen, dass die andere Identität keine Erinnerung an sich selbst mehr hat. Tausende von sogenannten Persönlichkeiten kann ein Patient haben. Die Grenzen der Anzahl der Persönlichkeiten werden nur durch die Energie des Therapeuten bestimmt, je nach dem wie viele er entdecken kann. Allerdings gäbe es keine Möglichkeit, die neuen Identitäten von der Originalidentität zu unterscheiden, sagte Dr. Kluft im American Journal of Clinical Hypnosis (1991). Anzeichen für diese Krankheit seien u.a. das Gesicht zu berühren, die Höhe der Stimme zu verändern, im Zimmer des Therapeuten herumzusehen, u.a.

Nach dieser unwissenschaftlichen Definition könnte man die Mehrheit der Menschheit dieser Krankheit bezichtigen. Interessanterweise wurde festgestellt, dass sich die angebliche Krankheit im Laufe der Therapie sogar verschlimmert. Eine Erklärung für die Verschlechterung ist, dass sie durch die Therapie selbst verursacht wird. Dies kann auf vielerlei Weise geschehen, besonders aber dadurch, dass der ,Patient' ermutigt wird, in dramatischer Weise mehr und mehr seiner sogenannten Persönlichkeiten durchzuspielen und so immer mehr verwirrt wird.

> Psychiater: „Max, du hast MPD. Du hast mehrere Persönlichkeiten. Du bist als Jugendlicher miss-braucht worden."

> Max: „Davon weiß ich aber nichts. Ich bin sicher, dass ich eine Erinnerung daran hätte, wenn mir das passiert wäre, immerhin war ich alt genug, die Dinge bewusst zu erleben."

> Psychiater: „Eine deiner Persönlichkeiten hat diese Erfahrung verdrängt. Komm in meine Therapie. Hier ist meine Rechnung."

> Max: „Zehntausend Mark? Gut. Aber schicken Sie die Rechnung bitte an eine meiner anderen Persönlichkeiten."

MUSIK

Musik beeinflusst die Emotionen direkt, ohne Umweg. Deshalb kann Musik als Heilmittel eingesetzt werden (siehe ‚Die heilende Kraft der klassischen Musik' von Stephanie Merritt). Hören Sie fröhliche Musik gegen Depressionen, Marschmusik gegen Antriebslosigkeit, etc. Es ist bewiesen, dass ‚Eine kleine Nachtmusik' von Wolfgang Amadeus Mozart den Schülern zu besseren Noten verhilft. Laden Sie Johann Sebastian Bach zum Essen ein. Johann Strauß bitte nicht zum Essen spielen, aber zum Tanz und zur Fröhlichkeit. Laden Sie auch Mozart zum Tanzen ein. Als Meditation ist Musik von Johann Sebastian Bach hervorragend, ebenso die

‚Barcarole‘ von Jacques Offenbach. Wenn Sie alleine sind, dirigieren Sie Konzerte von Beethoven oder Mozart ex tempore. Das gibt Ihnen Kraft, Mut, Energie und Lebensfreude.

MUT

Alles kann verloren gehen, aber den Mut dürfen Sie nie verlieren! Mit Mut können Sie alles Verlorengegangene zurück gewinnen. Mit Mut ist ‚*das Himmelreich in Dir*‘. Wer ist der Herr eines Reiches? Ein König! Und der König sind Sie! Sie bestimmen über das Glück in Ihrem Reich. Behalten Sie den Kopf immer oben.

Unterscheiden Sie Mut und Leichtsinn. Ein afrikanisches Sprichwort sagt, ‚man stellt die Tiefe eines Teiches nicht dadurch fest, dass man mit beiden Füßen gleichzeitig hinein tritt‘.

NÄCHSTENLIEBE

Der Nächste ist die Familie, die Eltern und Kinder, die Großeltern und der Nachbar. Es ist einfach die ganze Welt zu lieben, denn die Welt ist weit. Was weit weg ist, kann leicht geliebt werden. Aber es ist schwer, den Nachbarn zu lieben oder den Partner. Deshalb sagte Christus ‚Liebe Deinen Nächsten‘, und nicht ‚Liebe die ganze Welt‘.

Man lernt eine Sprache, indem man mit dem ABC anfängt. Wenn jeder seinen Nächsten liebt, dann ist die ganze Welt voll Liebe. Wie kann man die ganze Welt mit Leder bedecken? Indem jeder Lederschuhe trägt, ist die Welt schon mit Leder bedeckt, sagte der Psychologe Richard Alpert.

NAHRUNG

Unser Körper braucht gesunde Nahrung, das sind Vitamine, Mineralien, Spurenelemente, Enzyme. Unsere Emotionen brauchen auch Nahrung, das ist Singen, Tanzen, Liebe und Lachen. Und Nahrung für den Geist ist Logik, gute Literatur, positives Denken und Zielstrebigkeit.

NATUR

Um die Natur beherrschen zu können, muss man ihr gehorchen, sagte Francis Bacon. Wenn man ein Ziel erreichen will, muss man die Gesetze erforschen und verstehen, die zu ihm führen, und man muss diesen Gesetzen gehorchen. Wenn man eine Wirkung erzielen will, muss man die Ursache kennen und sie in Gang setzen. Wenn man etwas Unerwünschtes verhindern will, muss man die Ursache für das Unerwünschte herausfinden und ihr entgegen wirken.

NATURVEDA

Die Alten hatten gesagt, wir brauchen fünf Elemente. Wir brauchen die Erde, d. h. die grob-stoffliche Ernährung und Bewegung, wir brauchen Wasser, wir brauchen Feuer, d. h. Sonnenlicht, wir brauchen frische Luft und wir brauchen Äther, das ist Freude oder positives Denken.

Naturveda ist ein individuelles Ernährungssystem. Jeder Körper ist anders. Naturveda berücksichtigt die Einheit von Körper, Geist und Seele und erkennt die Notwendigkeit der richtigen Ernährung aller Bereiche. Naturveda beruht auf zwei Hauptprinzipien. Das eine ist die richtige Ernährung aller Bereiche, das andere ist die Reinigung aller drei Bereiche. Wir müssen auf allen Ebenen Schad- und Schlackstoffe entfernen und Mineralien und Vitamine zuführen. Wir müssen auch verhindern, dass neue Schadstoffe aufgenommen werden. Denn was wir nicht schmutzig machen, brauchen wir nicht zu reinigen.

Einige Menschen können mehr Schlackstoffe verkraften, aber ein einzelner Tropfen kann irgendwann das Fass zum Überlaufen bringen. Das Ziel des Naturveda ist es, dass Fass zu vergrößern und die einzelnen Tropfen zu verringern. Dann haben wir ein tropfenleeres Fass voller Gesundheit und können sehr lange und gesund und glücklich leben.

Naturveda basiert auf dem Kausalitätsgesetz. Sind die Aasgeier da, weil der Kadaver da ist, oder umgekehrt?

NEID

Ein neidischer Mensch versucht, die Werte des anderen zu vernichten. Eine Frau sieht z.B. eine andere, sehr schöne Frau. Sie sagt: „Diese Frau denkt wohl, sie sei ein Hollywoodstar. Du solltest sie mal ohne Schminke sehen!" - Ein Mann sieht einen reichen Mann im neusten Luxusmodell von

Mercedes. Er sagt: „Sicher hat er die Armen ausgebeutet."

Ein neidischer Mensch gibt versteckt destruktive Ratschläge. Die neidische Frau sagt z.B. zu der schönen Frau im schönen Kleid: ‚Dieses chice Kleid steht dir gar nicht. Mach dir doch ein paar Risse hinein, das sieht besser aus." - Ein Mann fragt seinen Nachbarn, welches Auto er sich kaufen solle. Der neidische Nachbar will nicht, dass der Mann ein schönes Auto besitzt. So rät er ihm zu einem hässlichen Auto und sagt: ‚Kauf dir doch einen Smart.'

(zum Thema Neid siehe außerdem Bernd Ziesemer ‚Die Neidfalle', Campus Verlag)

NEUE LIEBE

Wenn Sie eine neue Liebe erleben, dann genießen Sie diese neue Liebe, ohne dem neuen Partner mögliche Dinge zu unterstellen, die Sie aus den schlechten Erfahrungen früherer Beziehungen gespeichert haben. Fangen Sie ganz neu an. Seien Sie voller Zuversicht. Belasten Sie die neue Beziehung nicht mit den alten schlechten Erfahrungen.

NICHT-ANHAFTIGKEIT

Ein anderes Wort für Nicht-Anhaftigkeit ist Gefühllosigkeit.

NICHTLOGIK oder FEHLSCHLUSS

Es war einmal ein Bauer, der hatte einen Hahn. Jeden Morgen um sechs Uhr hat der Hahn gekräht und die Sonne ging auf. Da sagte der Bauer ganz stolz: „Die Sonne geht auf, weil mein Hahn kräht."

Die Logik schützt uns vor falschen Schlussfolgerungen.

OBERFLÄCHLICH

Ein Mann wollte einen Brunnen bauen. Er grub ein bisschen, aber es kam kein Wasser. Da versuchte er es an einer anderen Stelle. Auch hier kam nicht gleich Wasser zum Vorschein. So fing er wieder an einer anderen Stelle an. Ein Freund riet ihm: „Wenn du Wasser haben willst, musst du an einer Stelle bleiben."

Wenn man überall nur an der Oberfläche bleibt, erreicht man nichts Wesentliches. Ziele werden erreicht, indem man mit ganzem Herzen, konsequent und beharrlich über einen längeren Zeitraum hinweg vorgeht.

OBJEKTIVES GESETZ

Ein objektives Gesetz ist ein Gesetz, das frei von zweideutigen, willkürlichen Interpretationen ist und ein Gesetz, dessen Bedeutung durch die Formulierung des Gesetzes eindeutig und klar festgelegt werden kann. Es darf übergeordnete, individuelle Rechte nicht verletzen oder einschränken. Es soll Leben, Freiheit und Eigentum gewährleisten, nicht beschränken.

PARADOXON

Ein Paradoxon ist ein Scheinwiderspruch.

Mark Twains Aussage, ‚Es ist einfach, das Rauchen aufzugeben. Ich habe es hundert Mal getan', ist ein Widerspruch. ‚Wir machen Krieg um des Friedens Willen' ist ein Widerspruch. ‚Er ist ein Friedenssoldat' ist ein Widerspruch.

‚Niemand ist so arm wie ein Geiziger', ist ein Scheinwiderspruch, denn ein geiziger reicher Mann lebt in der Tat wie ein armer Mann.

‚Ein egoistischer Mensch hilft anderen', ist ein Scheinwiderspruch. Wir denken, dass ein egoistischer Mensch niemandem hilft, und demzufolge der genannte Satz ein Widerspruch sei. Aber er ist nur ein Scheinwiderspruch, weil es in Wahrheit nicht so ist, wie viele vermuten. Ein egoistischer Mensch will anderen helfen. Er kennt das Gesetz, dass dem, der anderen hilft, selbst geholfen wird. Als egoistischer Mensch möchte er, dass ihm geholfen wird, also hilft er gerne.

‚Wer nicht Bücher liest, ist ein Analphabet', ist ein Scheinwiderspruch, denn wer nicht lesen will ist der gleiche wie der, der nicht lesen kann.

PFLICHT

Pflicht ist ein Zwang, bestimmte Dinge zu tun aus keinem anderen Grund, als aus Gehorsam gegenüber einer höheren Autorität, ohne Rücksicht auf persönliche Ziele, objektive Werte, Motive, eigene Wünsche oder Interessen. Das Konzept ‚Pflicht' ist eine masochistische Selbstopferung, die verlangt, etwas aus Pflicht zu tun, ohne einen Vorteil, wie z.B. Geld, Freude, Lob oder Anerkennung zu erwarten. Falsch daran ist sowohl der Zwang als auch der Gedanke, man dürfe keinen persönlichen Vorteil erwarten. Nach dieser Lehre ist ein Mensch, der solch eine Pflicht erfüllt, schlechter dran als ein Sklave, denn dieser konnte wenigstens Lob oder sogar Freiheit erwarten, wenn er seine Pflicht getan hatte. Das Konzept ‚Pflicht' verletzt das Prinzip der objektiven Werte. Etwas anderes ist hingegen ‚Verantwortung', die ihrem Wesen nach auf objektiven Werten basiert und freiwillig ist.

PHILOSOPHIE

Liebe zur Weisheit. Philosophie hat die Aufgabe, Widersprüche aufzuklären. Die Philosophie der weltlichen und geistigen Dinge ist die höchste Abstraktion. Wenn man sie verstanden und integriert hat, kann man alle Begebenheiten des Lebens als richtig oder falsch beurteilen.

Wir haben heute ein Zeitalter des Spezialisierens. Das Lerngebiet wird immer kleiner. Das ist in der Medizin in Ordnung, aber in der Philosophie fehl am Platz. Philosophie soll uns einen Überblick über alle Fragen des Lebens geben. Die Tendenz der Philosophie ist aber die, Scheuklappen zu tragen, das heißt, man sieht eher weniger, als dass man einen Überblick bekommt. Es herrscht die Philosophie vor, immer mehr von einem kleinen Thema zu

wissen, immer mehr ins Detail zu gehen, anstatt
gesamte Konzepte zu verstehen und den Überblick
zu erlangen. Eines Tages werden die Philosophen
immer mehr und mehr von immer weniger und
weniger lernen, bis sie eines Tages alles über nichts
wissen.

Sind Philosophen unfehlbar? In der Wissenschaft
machen wir Fortschritte und die alten Theorien sind
ständig überholt. In der Philosophie werden die alten
Theorien leider als unfehlbar betrachtet und nie in
Frage gestellt und verbessert. In der Wissenschaft
überholen wir die Theorien berühmter Wissenschaftler, ohne dass wir den Respekt vor den
Wissenschaftlern verlieren. Im Gegenteil: ohne sie
wäre ein weiterer Fortschritt nicht möglich gewesen,
und es wäre dumm gewesen, aus Respekt vor den
Alten den Fortschritt abzubremsen.

So sollten wir auch nicht zögern, die Philosophie
alter Philosophen zu überholen. Alle Philosophen
sind veraltet, dennoch werden ihre Theorien
gepredigt und praktiziert wie eh und je, entgegen
jeder besseren Erfahrung. Wenn wir falsche
philosophische Theorien verändern heißt das nicht,
dass wir die alten Philosophen verachten. Im
Gegenteil, hier schaden die Schüler der Philosophen
diesen durch das starre Festhalten an überholten
Theorien. Wir verehren die alten Philosophen, weil
wir ohne sie unser Bewusstsein nicht hätten erhöhen
können. Keiner hätte ohne die geistige Vorleistung
anderer Philosophen neue Ideen entwickeln können.
Dennoch dürfen wir nicht stehen bleiben.

In einer Zeitschrift hatte ich folgendes gelesen: Ein
Gelehrter sagte, dass Gandhi durch seine Anhänger,
die sich fest an seine überholten Theorien klammern,

mehr geschadet wird, als wenn sie ihn verehrten als einen Pionier, der ihnen dazu verhalf, heute bessere Ideen zu entwickeln.

Wird dieses Buch irgendwann überholt sein? Ja, schon in einigen Jahren wird es überholt sein. Ich werde froh sein, wenn es irgendwann überholt sein wird, nicht beleidigt. Möge dieses Buch zu besseren Erkenntnissen führen. Ich hoffe, dass ich ein Buch über Philosophie schreiben werde, das die Philosophie aktuell macht, indem es sie bewertet und nicht nur darüber berichtet, wie es bisher üblich ist.

An einem schönen Frühlingstag ging ein Tausendfüßler frohgemut spazieren. Ein Frosch sah staunend die fließende Bewegung seiner vielen Beine. „Welchen Fuß setzt du nach welchem Fuß beim Gehen?" fragte der Frosch. Der Tausendfüßler blieb stehen und überlegte. Jetzt war er nicht mehr in der Lage, sich zu bewegen.

Manche Philosophen überlegen so viel, dass sie nicht mehr lebensfähig sind. Sie sind wie die zwei Philosophen, die einen Bauern besuchten. Im Garten war ein Mirabellenbaum. Der eine Philosoph sagte: „Das sind Mirabellen, sie schmecken wir Ringlos." Und er spricht eine Stunde über den Geschmack der Mirabellen. Der zweite sagte: „Sie schmecken wie Mangos." Und er gibt noch einen längeren Diskurs darüber. Sie reden stundenlang. Der Bauer aber kommt und isst die Mirabellen.

Ein Philosoph war bei einem Bauern angestellt. Er hatte die Aufgabe, die Orangen nach ihrer

Größe zu sortieren. Er sollte sie in drei Kategorien teilen. In kleine Orangen, in mittlere Orangen und in große Orangen. Er sitzt und schwitzt, denn er kann nicht entscheiden, wo die Grenze ist für die kleinen, mittleren und großen Orangen. Am Ende des Tages kommt der Bauer und sieht, dass die Orangen nicht sortiert sind. Er fragt: „Warum hast du deine Arbeit nicht getan?" Der Philosoph antwortet: „Ich habe mir den ganzen Tag Fragen wegen der Größe der Orange gestellt. Wann ist sie klein und wann hört sie auf, klein zu sein? Wann ist sie mittel und wann hört sie auf, mittel zu sein? Wann ist sie groß und wann hört sie auf, groß zu sein?"

PHOSPHATKINDER/Hyperaktive Kinder/ADS

Ein Vorschlag, wie die Therapie von hyperaktiven Kindern durch die Ernährung unterstützt werden kann:

Vermeiden Sie: Nutella, Milch, Streichkäse, Käse, Margarine, Schmalz, Wurst, Schweinefleisch, Schinken, Streichwurst, Hülsenfrüchte, Tomaten, Orangen, Colas, Dinkel, Hafer, Weizen, Weizennudeln, Weizenbrot, Nüsse, Schalentiere, Speck, Wild, Froschschenkel, Ente.

Erlaubt sind: Gemüse, Obst (außer Orangen), Öl, Puffreis, tiefgefrorener Fisch (nicht paniert), frischer Fisch, Hirse, Buchweizen, Reis, Buchweizennudeln.

Bitte besprechen Sie sich mit Ihrem Hausarzt.

POSITIVES DENKEN

Gedanken sind wirkungsvoll. Sie sind die Samenkörner dessen, was wir ernten werden. Deshalb ist es wichtig, positiv zu sein und zu denken, damit wir positive Früchte ernten werden. Doch es genügt nicht, auf irgendeine beliebige Weise positiv zu sein. Es gibt zwei Arten von positivem Denken: echtes und falsches.

Wenn jemand ein geringes Einkommen hat, ist der Wunsch, einen Ferrari zu kaufen, nicht realistisch. Positiv denken ohne Rücksicht auf Hindernisse ist unrealistisch. Rücksicht auf Hindernisse zu nehmen heißt nicht, dass man negativ ist. Auch wenn wir nur wiederholt denken: „Ich bin reich! Ich besitze einen Ferrari!", können diese Gedanken nicht verwirklicht werden. Wenn dieser Wunsch durch bloßes Daran-Denken nicht verwirklicht wird, kann die Positivität in Depression und Enttäuschung umschlagen. Diese Art, positiv zu denken, ist falsches positives Denken. Um Ihre Wünsche zu erfüllen, müssen Sie positiv sein. Sie müssen, wie Will Roger sagte, drei Zutaten haben, wenn Sie in Ihrer Arbeit glücklich werden, bzw. Ihre Wünsche erfüllen wollen. Zuerst Liebe zur Arbeit bzw. für Ihren Wunsch, zweitens den Glauben an das, was Sie tun (= positives Denken) und drittens Fachwissen.

Auf der praktischen Ebene müssen wir zuerst die Voraussetzungen für die Verwirklichung eines Wunsches schaffen. Wir müssen einen Plan erstellen und die notwendigen Schritte unternehmen. In unserem Beispiel müssten wir u.a. bereit sein, Überstunden zu machen und Geld zu sparen, also Prioritäten zu setzen und auf andere Dinge zu verzichten. Es ist unmöglich, alleine durch

Wünschen und positive Gedanken (Affirmationen) ein Ziel zu erreichen. Es ist aber möglich, durch positives Denken die Kraft zu bekommen, auf der praktischen Ebene alle Voraussetzungen zu schaffen, die die Verwirklichung unseres Wunsches ermöglichen.

Positives Denken garantiert nicht den Erfolg, aber ohne positives Denken ist Erfolg nicht zu erreichen. Mit positiven Gedanken können Sie nicht alles machen, aber Sie können alles besser mit positiven Gedanken machen, als mit negativen Gedanken, sagt Zig Ziglar. Mit positivem Denken können wir unser Leben leichter machen. Positive Gedanken sind Vitamine für den Geist.

Richtiges positives Denken bedeutet, wir haben eine Vision von dem, was wir erreichen wollen, und dann erstellen wir eine realistische Vorgehensweise, wie wir uns diesem Ziel nähern können. Wir überlegen uns eventuelle Hindernisse auf dem Weg, und wie wir sie überwinden können. Wenn die Hindernisse dann auftauchen, werden wir sie zuversichtlich lösen können und nicht überrascht sein und Gott oder das Schicksal beschuldigen, dass ‚es eben nicht so hat sein sollen'.

PRINZIPIEN

Wir brauchen Prinzipien, die sich nicht in sich widersprechen, die uns helfen, langfristig zu planen und langfristig zu handeln. Dies sind zum einen ethische Grundprinzipien, zum anderen individuelle Prinzipien, die sich aus den individuellen Werten und Zielsetzungen des einzelnen Menschen ableiten und die ethischen Grundprinzipien nicht verletzen.

PROBLEME

Sowohl ein Mensch mit positiver wie auch mit negativer Einstellung hat Probleme. Der Unterschied ist, wie sie den Problemen begegnen. Die Menschen, die in Krisen wachsen und nicht untergehen, wissen, dass sie wählen können, wie sie die Situation betrachten wollen.

PRODUKTIVE ARBEIT

Produktive Arbeit heißt, einen Plan von produktiven Handlungen zu haben. Diese Handlungen müssen durch langfristige Pläne integriert werden und setzen die vollkommene Benutzung der Vernunft und des Geistes voraus. Produktive Menschen leben von ihrer eigenen Leistung.

PROFIT

Ein Bauer sät ein Kilo Weizensaat. Er erarbeitet daraus zehn Kilo Ernte. Sein Profit beträgt neun Kilo.

PURUSHA UND PRAKRITI

Nach der indischen Philosophie ist Purusha Gott und er hat Prakriti, die Materie erschaffen. Gott ist Geist und Bewusstsein, er hat die Materie erschaffen. Gott hält seine eigenen Gesetze absolut, er erhält sie, er ändert sie nicht durch willkürliche Wunder. Prakriti ist Materie oder Realität. Gott ist Bewusstsein, wir Menschen haben als Kinder Gottes auch einen Teil

Purusha oder Bewusstsein in uns. Bewusstsein heißt, von etwas bewusst zu sein. Es gibt kein Bewusstsein ohne grobstoffliche oder feinstoffliche Materie, das Bewusstsein muss von etwas bewusst sein.

RAT

Jeder versucht, guten Rat zu geben. Man kann auch falschen Rat geben, und zwar aus Unwissenheit, Neid oder aufgrund eines Interessenkonfliktes. Hier sind Beispiele für guten Rat:

Ein Mann fragt seinen Nachbarn, welches Auto er sich kaufen solle, das Luxusmodell von Mercedes oder den Smart. Der Nachbar sagt: ‚Ich finde das neuste Luxusmodell von Mercedes prima, es gefällt mir sehr gut.‘

Die Frau sagt zu der schönen Frau: ‚Dieses Kleid steht dir sehr gut.‘

RATIONAL

Der Mensch kann nur als ein rationales, produktives Wesen überleben. Die Alternative ist Selbstvernichtung, langsam oder schnell. Leben im Sinne ethischer Ordnung ist rationales Leben. Wenn ein Mensch rational ist, dann heißt es nicht, dass er automatisch alles richtig macht. Rational heißt, er muss seine Fehler erkennen und seine Handlungsweise entsprechend der neuen Erkenntnis verbessern. Überleben bedeutet entsprechend den Mitteln des Überlebens – leben als ein rationales, produktives Wesen, deshalb brauchen wir einen Code der Werte.

REALITÄT

Der Kapitän eines Schiffes sah auf dem Meer einen Eisberg in der Ferne. Er funkte zu dem Eisberg hinüber: „Mach den Weg für uns frei! Geh auf die rechte Seite." – „Nein", war die Antwort. – „Aber ich befehle es!" gab der Kapitän zurück, „denn ich bin der Kapitän dieses Schiffes." Die Antwort: „Ich bin der Eisberg!" „Das ist deine Realität, aber nicht meine. Ich sehe es anders. Geh aus dem Weg!", rief der Kapitän und änderte seinen Kurs nicht.

Wir müssen uns in Einklang mit der Realität bringen, sonst erleiden wir Schiffbruch. Wer nach den Gesetzen der Realität lebt, sie mit Liebe erfüllt und anderen Menschen nicht schadet, wird glücklich sein.

RECHT

Ein Recht ist ein moralisches Prinzip, das die menschliche Handlungsfreiheit in einem sozialen Rahmen gewährleistet.

REDEN

Die Disziplin des Redens ist wichtig. Sie verlangt, dass man nur Angenehmes sagen soll, das wahrhaftig ist und nicht verletzt. Wenn wir schlecht über andere reden, drücken wir damit unsere eigenen lieblosen Gedanken aus. Wenn wir lieblos über andere reden, erzählen wir mehr von uns selbst als von den anderen Menschen.

REGIERUNG

Eine richtige Regierung ist die, die das Prinzip von individuellen Rechten anerkennt und schützt.

Max: „Warum brauchen wir eine solche Organisation/Regierung? Warum kann nicht jedes Individuum sich selbst schützen und verteidigen?"

Ryan: „Wenn jeder selbst entscheidet, dann gibt es keinen Maßstab, jeder kann willkürlich handeln. Es muss objektive Prinzipien geben, mit denen Schuld oder Unschuld eines Bürgers beurteilt werden. In einer individualistischen Gesellschaft verwendet die Regierung Gewalt nur stellvertretend zur Verteidigung der Rechte des Individuums. Körperliche Gewalt ist eine destruktive Gewalt und muss objektiver Kontrolle unterliegen.

Wenn jeder selbst entscheidet, wann er Gewalt benutzen kann, dann kann es zum Lynching führen. Robin Hood z.B. hatte die Justiz in seine eigenen Hände genommen. Jeder könnte dann seinen Nachbarn ausplündern und behaupten, dieser habe andere zuvor ausgebeutet. Er muss aber beweisen, dass der Nachbar schuldig ist. Robin Hood hatte Richter gespielt und hatte jeden reichen Mann als ipse facto Verbrecher verurteilt. Die Reichen waren nach Robin Hood schuldig, einfach weil sie reich waren oder weil er meinte, dass sie schuldig waren, und nicht, weil es objektiven, bewiesenen Tatsachen entsprochen hätte. Wenn Robin Hood ein Vorbild wäre, dann könnte jeder Bürger genau so denken und andere für angebliches Unrecht selbst bestrafen oder sie lynchen. Das Robin-Hood-Prinzip führt zum Lynchen.

Die Aufgaben einer Regierung sind:

1. Eine Polizei zu haben, um die Bürger vor Verbrechern zu schützen.

2. Einen Justizapparat zu haben, um Auseinandersetzungen oder Streit durch objektive Gesetze zu regeln.

Das sind die zwei wichtigsten Aufgaben einer Regierung. Diese zwei Aufgabengebiete stehen im Gegensatz zu Gebieten wie Bildung und Erziehung, Zensur über Zeitungen (Gedanken), Subventionen, Einmischung in die Wirtschaft usw. Diese Aufgaben sollte eine Regierung nicht ausüben, sie sollte die Bürger nicht bevormunden, zu ihrem Glück zwingen oder Vater und Mutter spielen, sonst werden Regierung und Bürger von einander abhängig gemacht."

REICHTUM

Max: „Manchmal habe ich ein schlechtes Gefühl, reich zu sein. Warum sollte ich im Wohlstand leben, wenn die Leute in der Dritten Welt arm sind?"

Ryan: „Aber es nützt den armen Leuten gar nichts, wenn es dir auch schlecht geht. Im Gegenteil! Wenn du Wohlstand hast, kannst du den Menschen besser helfen. Reichtum und Wohlstand zu schaffen ist für alle möglich. Wir müssen nicht den Reichtum verteilen, sondern ihn schaffen. Reichtum kann unendlich geschaffen und genossen werden. Man kann entweder einen Kuchen verteilen oder einfach mehr Kuchen backen. Man kann entweder Fische verteilen oder das Angeln lehren. Man kann unendlich viele Kuchen backen, unendliche viele Fische fangen und unendlich viel Reichtum erwirtschaften und genießen."

REINKARNATION

Wir sind Kinder Gottes, unvergängliche Seelen, die freiwillig auf die Erde kommen, um durch irdische Erfahrungen ihr Bewusstsein zu erhöhen und so immer glücklicher im Himmel zu werden. Wir kommen freiwillig, ohne Schuld oder Strafe aus vergangenen Leben. Alles, was wir tun, ist freiwillig.

Max: „Jemand sagte mir, dieses Leben sei das letzte Leben, das ich auf der Erde verbringen müsse."

Ryan: „Müssen? Du musstest nicht auf die Erde kommen. Du bist freiwillig gekommen. Was du in der Zukunft entscheiden wirst, ist nur von deinem freien Willen abhängig. Niemand mischt sich in deine Entscheidungen ein. Du bist immer völlig frei."

RENAISSANCE

Eine große Leistung der Renaissance war die Vorstellung von dem rationalen Menschen. Der Nachdruck wurde auf die allumfassende Entwicklung seiner Möglichkeiten, seiner Würde, seines Stolzes, seiner Kultur gelegt. Der Mensch wurde als ein freies, individuelles Wesen betrachtet, liebevoll und verantwortungsvoll. Er sollte seine intellektuellen Möglichkeiten ganz und gar ausnutzen, in vollem Genuss der Ergebnisse.

RESPEKT

Reden Sie stets respektvoll. Reden Sie auch respektvoll mit Ihrem Kind. Sie dürfen das Kind auch nicht mit Schimpfworten belegen und beleidigen. Erwarten Sie, dass das Kind auch Sie mit Respekt behandelt.

ROBIN HOOD oder RAUBIN HOOD

Der Name Robin kommt aus dem Englischen von ‚to rob‘, rauben. Robin Hood raubte Geld von den Reichen, um es den Armen zu geben, nachdem er einen großen Teil davon für seinen eigenen Unterhalt und den seiner Männer abgesahnt hatte. Doch der Zweck heiligt die Mittel nicht. Die Selbstjustiz Robin Hoods war falsch. Die Diebe hätten angeklagt und ihre Schuld objektiv bewiesen werden müssen, so ist es in einem Rechtsstaat. Nur in einer Diktatur wird ein Mensch ohne Beweis einfach verurteilt oder eingesperrt.

Das ‚Recht der Wiedervergeltung‘ hat seine Wurzeln im strengen Naturrecht an sich. Dennoch ist die Ausübung jeglichen Vergeltungsrechtes (Auge um Auge, Zahn um Zahn) nicht der Willkür des Geschädigten überlassen, sondern es soll von der Entscheidung eines zuständigen Richters abhängig gemacht werden. Dadurch vermeiden wir alle rachsüchtige Freude an der Bestrafung des Beleidigers.

Weder reiche noch arme Menschen dürfen stehlen. Weil manche Menschen ihren Reichtum unrechtmäßig erwerben, kann nicht die Schlussfolgerung gezogen werden, dass das Recht auf Eigentum missachtet werden darf, dass es für Reiche nicht gilt, oder dass Arme einen Anspruch oder ein Recht auf das Eigentum anderer haben. Das Recht auf Eigentum gilt für Arme und für Reiche gleichermaßen. Die Armen brauchen nicht neidisch sein. Sie können auch reich werden. Sie können von den guten Reichen lernen, wie man Wohlstand nach ethischen Prinzipien erwirbt, erhält und vermehrt.

SALZ DER ERDE

Die Menschen sind das Salz der Erde und das Licht der Welt, denn sie haben Bewusstsein. Wie das Salz der Suppe den Geschmack gibt, so geben unsere zielgerichteten Aktivitäten und Visionen dem Leben den Sinn.

Max: „Wenn wir ein Ziel erreicht haben, sind wir nicht für immer glücklich, wir müssen dann weitere Ziele haben, so sind wir letztendlich nie glücklich, oder?"

Ryan: „Es wäre sinnlos, wenn wir nach einer einzigen Leistung das ganze Leben glücklich wären. Wenn eine Fußballmannschaft nach einem Sieg für immer glücklich wäre, dann würde sie nie mehr spielen. Wenn Beethoven nach einer Symphonie für immer glücklich gewesen wäre, dann hätte er die anderen acht Symphonien nicht geschrieben. Wenn ein Schüler nach einer vorzüglichen Arbeit für immer glücklich wäre, würde er aufhören, zu lernen. Wenn eine Hausfrau nach einem gelungenen Kuchen für immer glücklich wäre, würde sie nie mehr versuchen, z. B. eine neue Sprache zu lernen oder ein Buch zu schreiben.

Wir können nicht glücklich sein, wenn wir nichts tun. Wenn wir immer neue Erfolge haben, erfahren wir jedes Mal eine neue Art von Glück oder Freude. Freude ist unendlich vielseitig. Wenn ich mit einer einzigen vorzüglichen Leistung für immer glücklich wäre, dann würde ich nur eine Art von Glück erleben. Ich versuche, andere Erfolge zu erringen, um eine immer größere Bandbreite von Glück zu erfahren und zu genießen. Weil die Freude von einer vorzüglichen Leistung nicht dauerhaft ist, ist kein Grund, auf alle vorübergehenden Freuden zu verzichten.

Die Freude eines leckeren, gebackenen Kuchens ist eine andere Freude als das gewonnene Fußballspiel oder eine musikalische Komposition. Und auch jede musikalische Komposition ist anders. Indem wir also durch unsere Aktivitäten immer nach weiteren Erfolgen und Glück streben, erfahren wir in unserem Leben einen unendlichen Strauß von Möglichkeiten, Glück und Sinn im Leben zu genießen. Wir können immer glücklicher werden."

SCHEFFEL

Max: „Was heißt, wir sollen unser Licht auf den Leuchter stellen und nicht unter den Scheffel?"

Ryan: „Ein Scheffel ist ein Hohlmaß, ein Messbecher, mit dem früher Getreide gemessen wurde. Er zeichnet sich durch Begrenztheit aus. Wenn unser Licht unter den Scheffel gesetzt wird, erfährt das Licht Begrenzung durch das Maß. Wenn es auf den Leuchter gestellt wird, ist das Maß der Begrenzung weg, das Licht ist ‚unermesslich'. Der Scheffel steht für unsere negativen Gedanken,

Handlungen, Begrenzungen und unsere falschen Programmierungen. Scheffel und Licht sind wie Wolken und Sonne. Die Sonne ist immer da. Nur müssen die Wolken weggeblasen werden."

SCHMERZ

Wenn etwas Schmerz verursacht, ist es nicht lebensfördernd. Wenn etwas Vergnügen gibt, ist es lebensfördernd. Im geistigen Bereich gibt es in unserem Bewusstsein auch zwei Signale. Freude und Leid. Wenn wir leiden, können wir im Allgemeinen sagen, dass wir etwas falsch gemacht haben, wenn wir uns freuen, können wir im Allgemeinen sagen, dass wir etwas richtig gemacht haben. Freude kann positiv oder negativ sein. Sie ist positiv, wenn sie durch ethische Handlungen erworben wird. Sie ist negativ, wenn sie dadurch entsteht, dass anderen Schaden zugefügt wird.

SCHÖNHEIT

Unsere alten, schmutzigen Kleider waren einmal neu und sauber. Wir können sie in der Waschmaschine waschen und die Kleider werden danach fast wie neu aussehen.

1. Wenn wir keine Seife ins Wasser tun, werden die Kleider nicht sauber werden.

2. Wenn wir Seife verwenden, aber Seife und gelösten Schmutz danach nicht ausspülen, werden die Kleider auch nicht sauber sein.

Um die Kleider zu reinigen, muss der Schmutz aus den Kleidern herausgeholt werden, indem man Seife benutzt und danach die Kleider in sauberem Wasser ausspült.

Um ewig schön zu sein, müssen wir sowohl die Schlackstoffe aus den Zellen entfernen, als auch diese Schlackstoffe aus dem Körper ausleiten. Das ist, ganz kurz gesagt, das Grundprinzip des Naturveda, das ich in einem anderen Buch ausführlich erläutern werde.

Tipps für Ihre Schönheit: Vermeiden Sie Chemikalien in Ernährung und Wohnung. Wischen Sie den Boden z.B. mit einer halben Flasche Obstessig und einer halben Flasche Wasser, ebenso die Toilette und den Küchentisch. Benutzen Sie Handschuhe dazu. Reinigen Sie Ihren Ofen mit einer Paste aus Natron und Wasser. Benutzen Sie auch hierbei Handschuhe. Vermeiden Sie in der Ernährung genmanipulierte Nahrungsmittel, wie z.B. Ananas, Kartoffeln, Mais, Soja. Sie sind kein Versuchskaninchen der genmanipulierenden Techniker. Trinken Sie ausreichend Wasser. Cindy Crawford z.B. empfiehlt ebenfalls, viel Wasser zu trinken. Sogar während ihrer Gymnastik-Videos sieht man sie Wasser trinken. Ernähren Sie sich vitamin- und mineralstoffreich. Essen Sie frisches Obst und Gemüse, erkundigen Sie sich beim Händler, ob die Ware genmanipuliert oder mit Zusatzstoffen versehen ist. Leben Sie harmonisch. Arbeiten Sie mit Freude. Lachen Sie viel.

SCHULDEN

Ein Mensch hat mehr Ruhe, wenn er keine Schulden hat. „Wer borgt, ist des Leihers Knecht." (Sprüche

22,7). Man kann einen von drei finanziellen Wegen einschlagen:

1. Man gibt weniger Geld aus, als man verdient.

2. Man gibt mehr Geld aus, als man verdient.

3. Man gibt gleich viel Geld aus, wie man verdient.

Die Menschen der ersten und dritten Gruppe rechnen und planen zunächst, bevor sie etwas kaufen oder unternehmen. Die Menschen der zweiten Gruppe haben Sorgen. Sie sollten sich von ihren Schulden schnellstens befreien. In Indien gibt es ‚bonded labourers‘ (versklavte Arbeiter). Sie nehmen ein Darlehen, z.B. für eine Hochzeit der Tochter, auf, dann müssen sie fast ein Leben lang für den Gläubiger arbeiten, um die Schulden zurück-zuzahlen. Der Mensch der zweiten Gruppe kann sich auf folgende Weise befreien: 15% seines Einkommens überweist er auf sein Sparkonto. Dieses Geld soll er nicht abheben, außer in Notfällen. 20% verwendet er für die Abzahlung der Schulden. Von dem Rest lebt er.

Angenommen jemand hat 5 Gläubiger. Er schuldet dem ersten 5 DM, dem zweiten 10 DM, dem dritten 15 DM, dem vierten 30 DM, dem fünften 50 DM. Er kann monatlich 25 DM Schulden zurück bezahlen. Nun ist folgendes sinnvoll. Es soll jedem den gleichen Betrag, nämlich 5 DM zurück zahlen im ersten Monat. Im zweiten Monat ist der erste Gläubiger bezahlt. Er zahlt nun anderen vier Gläubigern je 5 DM, so ist der zweite ausbezahlt, und er verwendet die restlichen 5 DM, um auch den dritten Gläubiger zu bezahlen. Nun bleiben der vierte und der fünfte. Er schuldet dem vierten

Gläubiger noch 20 DM und dem fünften Gläubiger noch 30 DM. Er gibt nun beiden wiederum je 5DM und dem vierten die restlichen 10 DM. So ist der vierte ausbezahlt. Er gibt dem letzten Gläubiger die gesamten 25 DM des vierten Monats und im fünften Monat noch die letzten 10 DM. Er erhöht den Sparbetrag von 15% auf 20%. Wenn er etwas kaufen will, kauft er aus diesem Sparguthaben.

Das Prinzip ist, alle Gläubiger gleichmäßig und regelmäßig mit System zu bedienen und der Betrag, der von dem bereits abschließend bedienten Gläubiger übrig bleibt, wird genutzt, um den jeweils Nächsten höher zu bezahlen. So werden Sie im Schneeballeffekt von Schulden befreit sein.

SCHUTZ

Max: „Wenn Gott seine Kinder tun lässt, was sie wollen, wenn er sich also nicht einmischt, wer oder was beschützt uns dann? Wieso beten wir zu Gott um Hilfe? Wie soll das funktionieren? Mischt er sich nun ein oder nicht?"

Ryan: „Gott mischt sich nicht ein. Dennoch können wir seine Hilfe in Anspruch nehmen, indem wir Seine Gesetze benutzen. Das ist kein Widerspruch. Das Gesetz ist, dass unsere Gedanken andere Gedanken anziehen. Es gibt ein Überbewusstsein. Wenn wir an etwas glauben und dafür beten, dann werden diese Gedanken zum Überbewusstsein geschickt. Das Überbewusstsein bringt diese Gedanken in die Realität. Wie im Internet werden unsere Gedanken in Kontakt mit anderen Gedanken gleicher Frequenz kommen. Die Lösung kommt also nicht durch Wunder oder willkürliche Einmischung von Gott, sondern nach den Naturgesetzen. Gott hilft, indem wir Seine Gesetze richtig anwenden.

Jeder hat auch einen Schutzengel, der ihm hilft, wenn er ihn darum bittet. Die Hilfe kann auf verschiedene Art und Weise kommen, z.B. durch Serendipität. Manchmal finden wir ein Buch, das die Antwort auf unser Problem ist, oder wir treffen jemanden, der uns wichtige Kontakte vermittelt. All dies geschieht im Rahmen von Gesetzmäßigkeiten, es ist keine Einmischung. Gottes Hilfe ist immer da. Der Wind weht immer, wir müssen nur die Segel aufspannen, sagte Ramkrishna."

SEIN

Es gibt kein Sein, das unabhängig ist von jemandem, der ist. Es gibt kein rein geistiges Sein ohne Materie in welcher Form auch immer. Sowohl im Diesseits als auch im Jenseits. Sein ist immer jemand oder etwas, das ist. Im Jenseits gibt es keinen grob-stofflich materiellen Körper, sondern einen fein-stofflichen Lichtkörper, hier im Diesseits ist unser Sein in einem grobstofflich materiellen Körper eingebunden. Sein ist ein Bewusstseinszustand und hat nichts zu tun mit einer Trennung vom Körper. Es gibt kein Sein ohne den Erkenner des Seins. Den Zustand des Seins erfahren Sie, wenn Sie nur Gutes tun und das Böse vermeiden.

SELBST

Im Dschungel war einmal eine Löwin. Sie hatte ein kleines Löwenbaby. Als die Löwin einmal auf die Jagd ging, schlief der Vater ein. Das Löwenbaby machte sich flugs davon. Es kam zu einer Wiese weit entfernt vom Dschungel und wurde von einem Schaf entdeckt und adoptiert. Das Schaf gab dem kleinen Löwen den Namen Lambertino. Es stellte ihn den anderen Schafkindern vor, und Lambertino spielte mit seinen neuen Geschwistern. Lambertino lernte sehr schön blöken. Er glaubte, er sei ein Schaf.

Eines Tages kam der Löwenvater aus dem Dschungel. Sobald die Schafe den Löwen sahen, schrien sie: „Schnell weg hier!" - Lambertino fragte: „Warum?" - Sie riefen: „Da ist ein Löwe!" Die Schafe rannten alle weg, und ehe er sich versah, stand Lambertino allein mit dem Löwen. „Bitte friss mich nicht!" sagte Lambertino.- „Mein Sohn, endlich habe ich dich gefunden! Du bist ein Löwe! Du bist kein Schaf! Komm", forderte der Löwe ihn auf, „da ist ein See. Schau ins Wasser! Siehst du wie ein Schaf aus?" - „Tatsächlich, ich bin wirklich ein Löwe, demzufolge muss ich ja immer schon ein Löwe gewesen sein!", und Lambertino blökte. - „Hör auf zu blöken! Du musst lernen, zu brüllen!" sagte der große Löwe, „lass uns zu Mama gehen, sie wird sich freuen, dich zu sehen."

Wir erkennen unser Selbst, wenn wir frei von den falschen Konditionierungen der Erziehung oder des Zeitgeistes sind. Wir wissen nicht, was Freiheit ist, wir blöken, anstatt zu brüllen. Wir glauben, wir seien frei, obwohl wir nicht frei sind, solange wir die falschen Konditionierungen haben. Wir gewöhnen uns an diese falschen Konditionierungen und glauben, es sei richtig, weil wir nichts Besseres wissen. Wir halten es für normal.

SELBSTBILD

Selbstbild ist, was Sie glauben, dass Sie *jetzt* tun können, was Sie sich zutrauen oder nicht zutrauen. Woraus besteht Ihr Selbstbild? Aus Ihren Einstellungen, Glauben, Meinungen. Alle Ihre Erfahrungen, die Ihren Glauben bewirkt haben, sind in Ihrem Unterbewusstsein gespeichert. Die Erfahrungen, die lebhaft und bildhaft sind, sitzen fest, aber Sie können dieses alte Bild durch ein neues ersetzen.

SELBSTLOB

Denken wir daran, dass wir Gottes Kinder sind! Sagen wir uns, wie toll wir sind, wie schön und intelligent! Ist das eine Lüge? Nein, es ist keine Lüge, denn tatsächlich sind wir Gottes Kinder. Eine Lüge wäre es, zu behaupten, dass wir Idioten seien, dass wir etwa hässlich oder unfähig seien, denn dies ist nicht die Natur der Kinder Gottes. Ist es nicht überheblich, sich selbst zu loben? Nein! Es ist eine Tatsache, dass wir wunderbar sind. Wir können stolz auf uns sein. Überheblich wäre es, wenn wir uns selbst und die anderen Menschen klein machen würden. Sich selbst zu loben soll nicht dazu dienen, die anderen Menschen zu erniedrigen. Wir sagen nicht: „Ich bin so viel toller als du." Das wäre Überheblichkeit. Aber zu sagen: „Ich bin toll und du bist auch toll!" - „Ich bin groß und du bist auch groß!", schadet niemandem. Im Gegenteil, wir machen dadurch den anderen Menschen Mut, und das erhöht wiederum unser eigenes Selbstwertgefühl und das des anderen Menschen.

SELBSTREDE

Den ganzen Tag führen wir innere Dialoge, die Selbstrede. Wenn ich gelobt werde sage ich zu mir: „Ich bin wertvoll." Die Selbstrede kann aber auch negativ genutzt werden. Ich verschütte die Suppe und sage zu mir: „Ich bin ein Schussel." Oder ein anderer beleidigt mich und sagt: „Du bist ein Idiot", dann sage ich mir innerlich: „Ich bin dumm."

> Ein Freund hatte mich ‚Idiot' genannt. Ich schrie und tobte. Ein Papagei eines anderen Freundes, den ich besuchte, sagte: ‚Idiot' Aber ich war kühl und gelassen. Jetzt betrachte ich jeden neidischen Kritiker wie einen Papageien.

Wir können die Aussagen anderer Menschen nicht beeinflussen, aber wir können unsere innere Selbstrede beeinflussen. Zuerst prüfen wir, ob die Kritik berechtigt ist, damit wir etwas tun können, um uns zu verbessern. Es ist in Ordnung, Fehler zu machen, wir müssen uns nicht dafür verdammen. Wir können zu uns sagen: „Das mit der Suppe kann passieren". Wenn die Kritik nicht berechtigt ist, dann können wir uns mit der Selbstrede schützen, indem wir sagen: „Ich weiß, dass ich intelligent bin, der andere ist nur verärgert, deshalb beschimpft er mich. Er hat selbst Probleme im Moment, das hat nichts mit mir zu tun. Meine Meinung über mich kommt nicht von anderen, ich weiß, wer ich bin. Ich will kein Urteil eines anderen über mich annehmen. Meine Meinung über mich kommt von mir."

Für diese Selbstrede braucht man ein hohes Selbstwertgefühl. Wenn ich weiß, dass ich Gottes Kind bin, kann ich die Beleidigungen von anderen schnell überstehen und zu meinem guten Selbstwertgefühl gelangen.

SELBSTWERTGEFÜHL

Unser Selbstwertgefühl stammt von unseren Leistungen. Selbstwertgefühl ist der Motor für das Streben nach Vervollkommnung in Wissen und Handeln. Selbstwertgefühl kann sich nie lange auf seinen Lorbeeren ausruhen. Es will sich durch neues Handeln und neues Wissen immer wieder neu bestätigen. Wir können ständig an der Erhöhung unseres Selbstwertgefühls arbeiten. Dieses Fort-schreiten zu immer größerer Vollendung hört nicht auf, denn das Bewusstsein kann unendlich erhöht werden. Auch im Himmel geht das Lernen weiter.

Unsere Selbstrede kann uns zum Guten dienen oder aber zum Schlechten. Wenn sie zum Schlechten dient, ist es Selbstsabotage. Selbstsabotage ist Selbstbestrafung. Wir haben ein schlechtes Bild von uns und deshalb stehen wir uns selbst auf unserem Weg zu Liebe und Erfolg im Weg. Es gibt zwei Formen der Selbstsabotage:

1. Die Absicht, von anderen zu erfahren, was sie über uns denken und was sie von uns halten.

> Wir fragen andere, weil wir unsicher sind und denken, dass unsere Sicherheit verstärkt würde, wenn die anderen Menschen positiv antworteten. Aber das ist ein Trugschluss. Wenn wir uns selbst nicht glauben, dass wir toll sind, dann glauben wir auch den anderen Leuten nicht, wenn sie sagen, wir seien toll. So gibt es dann zwei, die sagen, wir seien nicht toll. Das ist die

Selbstsabotage. Unbewusst suchen wir von anderen die Antwort, die wir uns selbst geben. Aber der Selbstwert muss von innen kommen, aus unserer eigenen positiven Selbstrede und Zielsetzung.

2. Zu hohe Ansprüche an uns selbst zu stellen.

Durch diese Taktik untergraben wir unseren Selbstwert gezielt, denn wir kommen so von einem Misserfolg zum nächsten. So sinkt der Selbstwert jedesmal, wenn wir ein Ziel nicht erreichen, denn unsere Selbstrede greift auf diese Erfahrungen zurück. Es ist deshalb richtig, mit kleinen Zielen zu beginnen, die wir schnell erreichen können, und uns dann langsam anspruchsvollere Ziele zu setzen.

Es ist ein Kreislauf: Das Selbstbild entsteht durch Selbstrede und die Selbstrede entsteht durch das Selbstbild. Aber die Selbstrede ist der Anfang und gleichzeitig der Ausstieg aus dem Rad der Selbstsabotage. Die Selbstsabotage kann durch positive Selbstrede verändert werden.

SERENDIPITÄT

Die Prinzen von Serendip, dem alten Namen für Sri Lanka, hatten gefunden, was sie nicht gesucht hatten. Wer diese Erfahrung macht, z.B. wenn man ein Buch in einem Antiquariat findet oder ein Bild auf einem Flohmarkt, das für den momentanen Zweck des Finders sehr wichtig ist, hat die Gabe von Serendipität.

SINN

Das ganze Leben muss einen Sinn haben. Sinn im Leben erhalten wir durch Aktivitäten, die uns helfen, unsere Ziele und Werte zu erreichen.

SINN DES LEBENS

Es ergibt sich die Anforderung an das Bewusstsein, die Existenz/die Realität richtig wahrzunehmen. Sie hat nur eine gültige Identität. Diese im handelnden Umgang mit der Existenz herauszubekommen, zu lernen, mit ihr richtig umzugehen, ist das Mittel, um unser Bewusstsein zu erhöhen. Unser Bewusstsein zu erhöhen ist der tiefste Sinn des menschlichen Lebens auf der Erde.

SKEPTIZISMUS

Wir können durch unser menschliches Bewusstsein die Wahrheit erkennen. Die Skeptiker meinen, unsere Sinnesorgane seien unzuverlässig, weil z.B. ein Stock in einem Glas Wasser gebeugt zu sein scheint, obwohl er es nicht ist. Es gibt eine wissenschaftliche Erklärung dafür, die die Skeptiker nicht gewusst hatten. Licht beugt sich, wenn es das Medium wechselt. Unsere Sinnesorgane aber interpretieren die Tatsachen der Realität nicht.

Einige Skeptiker meinen, wir können unser eigenes Gesicht nicht sehen, deshalb seien unsere Sinnesorgane unzuverlässig. Andere Skeptiker meinen, dass unsere Sinnesorgane unzuverlässig seien, weil wir Bakterien nicht sehen können. Wieder andere meinen, dass ein Mikroskop unzuverlässig sei, weil wir damit nicht in die Sterne sehen können. Sie meinen, man könne nichts wissen. Also habe es keinen Sinn über die Wahrheit zu reden. Es ist zwecklos mit Skeptikern zu reden, weil wir zu keiner Schlussfolgerung kommen. Die Skeptiker meinen immer, man könne nichts wissen.

Aber auch ein Skeptiker, der im Wald spazieren geht, läuft nicht mit dem Kopf gegen einen Baum, obwohl er behauptet, er könne nicht wissen, ob seine Augen ihm richtig mitteilen, ob ein Baum da ist oder nicht. Dennoch verlässt er sich auf die Augen. Auf dem Tisch weiß er Salz von Zucker zu unterscheiden. Er schüttet nicht Salz in den Tee oder Zucker auf sein Gemüse. Seine Sinnesorgane lassen ihn fühlen, ob er den rechten Schuh an den rechten Fuß angezogen hat oder umgekehrt. Wenn er duscht, weiß er, ob das Wasser zu heiß oder zu kalt ist. Er hört bestimmte Musik gerne, er kann einen Komponisten von einem anderen unterscheiden. Er weiß eine Menge, er hat große Kenntnisse, die von seinen Sinnesorganen kommen, obwohl er behauptet, seine Sinnesorgane seien unzuverlässig. Er ist unehrlich.

Die Sophisten hatten gesagt, sie wissen viel, obwohl sie nicht viel gewusst hatten. Und Sokrates, der Weise, der mehr als die Sophisten wusste, sagte, ‚Ich weiß nur eines, dass ich nichts weiß‘, um die Überheblichkeit der Sophisten zu beseitigen. Sokrates war kein Skeptiker. Er hatte gesagt: ‚Erkenne dich selbst.‘ Also bestätigt er, dass Erkenntnis möglich ist.

Ich möchte Ihnen eine Geschichte erzählen, ich glaube, sie stammt von Dostojewski: Es war einmal ein Mann, der ein Dorftrottel war. Jedermann hatte sich lustig über ihn gemacht.

Ein Gelehrter sagte zu ihm: „Willst du als der klügste Mann im Dorf betrachtet werden? Dann, wenn jemand mit dir spricht, sag immer: ‚Woher weißt du das? Das kann man nicht wissen! Du kannst nichts beweisen, oder?' Der Dorftrottel handelte, wie der Gelehrte ihm geraten hatte und innerhalb kürzester Zeit wurde er als der größte Philosoph des Dorfes betrachtet.

SOPHIOPÄDAGOGIK

Sophiopädagogik sagt uns, wie wir Kinder dazu motivieren, zu lernen und sich sozial zu verhalten, ohne dass wir ‚disziplinarische' Maßnahmen ergreifen. Ein kostenloses Skript ‚Sophiopädagogik' kann jeder Leser beim Verlag MAY anfordern.

SORGEN/WELTSCHMERZ

Unterscheiden Sie echte Sorgen von Fantasiesorgen. Echte Sorgen sind, wenn Sie Gesundheitsprobleme haben, wenn die Kinder krank sind oder schlechte Noten schreiben u.a. Es gibt Fantasiesorgen, die auf unberechtigter, übersteigerter Angst basieren. Wenn Sie denken: ‚Was passiert, wenn....?', dann entwickeln Sie Fantasiesorgen, die Sie und die anderen unnötig belasten.

Angenommen Sie haben einen Job, aber Sie machen sich Sorgen darüber, was wäre, wenn Sie ihn nicht hätten. Angenommen Ihr Mann ist treu, aber Sie machen sich Sorgen darüber, was wäre, wenn er untreu wäre. Angenommen, Ihr Kind hat eine Drei geschrieben, aber Sie machen sich Sorgen darüber, was wäre, wenn es eine Fünf geschrieben hätte. Was wäre, wenn es keine Rosen mehr gäbe? Angenommen ein Mann ist reich, macht sich aber Sorgen darüber, was wäre, wenn er alles verlöre. Was passiert? Er genießt seinen Reichtum nicht. Wer sich Fantasiesorgen macht, genießt das Leben nicht. Er sieht die guten Dingen nicht, den Luxus und Wohlstand, den er hat. Er zählt nur die Dornen, nicht die Rosen. Wenn er seine Gedanken auf diese Negativitäten fokussiert, dann wird er selbst dazu beitragen, dass er an diesen Fantasiegedanken leidet, er leidet, als hätten die Fantasieereignisse tatsächlich stattgefunden. Er leidet unnötig und schadet seiner eigenen Gesundheit. Natürlich, etwas kann immer passieren. Dann machen wir Pläne, diese Hindernisse zu beseitigen. Und dann - genießen wir das Leben!

SPONTANEITÄT

Es war einmal eine Frau in Bombay. Sie hatte ein großes Haus mit Garten und erwartete viele Gäste. „Wir sollen den Tisch im Speisezimmer decken, sagt mir mein Gefühl. Ich handle immer spontan nach meinem Gefühl", sagte die Frau zu ihren Hausangestellten. Diese schleppten Tischdecken, Geschirr, Gläser, Besteck, Servietten und Blumen herbei und arrangierten eine schöne Tafel. Da trat die Hausherrin in den Garten, war entzückt von der Atmosphäre dort und rief spontan: „Ach, wir sollten den Tisch lieber im Garten decken, sagt mir mein spontanes Gefühl gerade!" Die Hausangestellten räumten die Tafel im Speisezimmer wieder ab und schleppten alles in den Garten. Weil viele Hände zugefasst hatten, stand die Tafel schließlich nach einer

Stunde wunderschön gedeckt im Garten. Die Hausherrin kam herbei, musterte alles und fand sich geblendet von dem Licht auf dem weißen Tischtuch. „Es wäre wohl besser, wir deckten den Tisch in der Laube, mein Gefühl sagt mir das", entschied sie ‚spontan‘, und ihre Hausangestellten mussten wieder schleppen und räumen und rennen.

Die Frau glaubte, sie sei spontan. Aber Willkür ist nicht Spontaneität. Man kann spontan sein, wenn man zuvor die Regeln beherrscht hat. Nachdem Sie die Etüden praktiziert haben, können Sie spontan Klavier spielen.

STANDPUNKT

Die deutschen Worte ‚Stellungnahme‘ und ‚Standpunkt‘ sind sehr schön. Die Welt wandelt sich täglich. Dadurch können wir ratlos und orientierungslos werden. Wir brauchen einen Kompass, der uns eine Richtung gibt. Wir brauchen einen Standpunkt oder eine Stellungnahme. Viele Leute haben Angst, einen Standpunkt einzunehmen. Dann sind sie ‚bodenlos‘.

Ein Mann trug ein Lamm auf seinen Schultern. Drei Gauner wollten es ihm abjagen, um es zu Mittag zu verspeisen. Sie machten einen Plan und trennten sich, um einzeln an den Mann heranzutreten. Der erste Gauner fragte ihn: „Warum tragen Sie einen Hund auf der Schulter?" - „Das ist doch kein Hund", entrüstete sich der Mann, „das ist ein Lamm!" - „Wenn Sie meinen", antwortete der Gauner und ging weiter. Der zweite Gauner fragte: „Warum tragen Sie ein Schwein auf der Schulter?" - „Wieso Schwein?", entgegnete der Mann nun schon etwas verunsichert, „ich habe doch ein Lamm auf die Schulter genommen." - „Wenn Sie es dafür halten", meinte der zweite Gauner und ging weiter. Der dritte Gauner sprach den Mann mit der Frage an: „Warum tragen Sie einen Esel auf der Schulter?" Da war der Mann sehr erschrocken. Irgend etwas stimmte offenbar nicht mit dem Lamm. Schnell warf er es von der Schulter und rannte weg so schnell er konnte. Darauf hatten die drei Gauner nur gewartet. Sie nahmen das Lamm und lachten sich ins Fäustchen darüber, wie gut ihr Plan geklappt hatte.

Der Mann hatte keine eigene Meinung, keinen Standpunkt. So geht es uns oft. Jemand erzählt uns etwas, und wir glauben alles. Wir müssen einen Standpunkt haben, wir müssen nicht die gleiche Meinung haben wie die öffentliche Meinung oder die des Zeitgeistes.

Max: „Was ist der Kompass?" - Ryan: „Der Standpunkt."

Max: „Welcher Standpunkt?" - Ryan: „Der richtige Standpunkt."

Max: „Wann ist ein Standpunkt richtig?" - Ryan: „Wenn er auf den grundethischen Prinzipien basiert."

Max: „Welches sind die Basisprinzipien?" - Ryan: „,Du sollst nicht morden' und ‚Du sollst nicht stehlen'."

Max: „Was sind die davon abgeleiteten Prinzipien?" - Ryan: „Die Tugenden Genauigkeit, Treue, gewissenhafte Arbeit, Integrität, das Wort halten, Zuverlässigkeit, Fairness, Hilfsbereitschaft usw. Aber diese müssen den Basisprinzipien untergeordnet sein. Die Basisprinzipien dürfen nie verletzt werden, sonst gelten diese abgeleiteten Tugenden nicht als Tugenden, sagt Stephen Covey, Autor des Bestsellers ‚Seven Habits of Effective People'."

STETIGKEIT

Ein Mann suchte in seinem Garten Brillanten. Jahrelang durchwühlte er seinen Garten. Fast alles hatte er schon durchgegraben, ohne Erfolg. Da gab er auf und verkaufte den Garten. Der neue Besitzer hat nur ein kleines Stück weiter gegraben und den Schatz gefunden.

Max: „Oft geben wir kurz vor unserem Erfolg auf."

STEUER

Neid und Angst sind die Ursache für Steuern. Zum Trost der Armen wird diesen gelehrt, dass die Reichen gierige Gauner sind, die mehr Steuern zahlen müssen. In England und Amerika gab es ursprünglich keine Steuern. Steuern wurden nur temporär erhoben, um z.B. den Bürgerkrieg zu finanzieren. Nach Beendigung des Krieges wurde die Steuer aber nicht aufgehoben. 1913 wurde die Einkommenssteuer in Amerika dauerhaft eingeführt. Die Steuer wurde von den Armen akzeptiert, weil ihnen gesagt wurde, die Steuer sei ein Mittel, um die Reichen zu bestrafen. Weil die Armen auf die Reichen neidisch waren, hatten sie das Gesetz bewilligt. Als die Bürokraten auf den Geschmack von Geld kamen, wuchs ihr Appetit und sie setzten die Grenze mehr und mehr herab. So mussten die Armen, die dafür waren, die Reichen zu bestrafen, schließlich selbst Steuern bezahlen. In alten Zeiten in Asien zahlten die Bürger keine Steuern. Die Eroberer erzwangen Steuern von den Einwohnern der zuvor eroberten Gebiete, als ‚Tribut' an die Eroberer. Die fremden Länder wurden erobert und niedergeworfen, um sie auszubeuten und ihnen ihr Eigentum zu stehlen.

STIMMUNG

Unsere Stimmung ist unsere geistige Umwelt. Wenn wir eine schlechte Stimmung haben, dann ist unsere geistige Umwelt verschmutzt. Wenn unsere Stimmung schön ist, dann ist unsere geistige Umwelt intakt. Wenn wir eine gute Stimmung haben möchten, können wir Mozart zu uns einladen. Oder wir plaudern mit Shakespeare über seine Komödien, diskutieren mit Norman Vincent Peale, entspannen uns mit Goethe. Alle sind immer gerne bereit, unserer Einladung Folge zu leisten.

STOLZ

Stolz ist die Anerkennung der Tatsache, dass wir selbst einen hohen Wert haben, bzw. dass wir der höchste Wert auf der materiellen Ebene sind. Stolz ist eine Tugend. Man handelt so, dass man Selbstwertgefühl gewinnt und erhält.

Ein Mann ging spazieren. Er sah einen Bauern, der auf seinem Land arbeitete, das prächtig angebaut war. Viel gesundes Gemüse, die herrlichsten Blumen, kein Unkraut weit und breit. - „Du und Gott haben gut zusammengearbeitet!" rief der Spaziergänger dem Bauern zu. - „Ja, ja, das haben wir, aber Sie hätten einmal sehen müssen, wie es hier aussah, als Gott das noch alleine bewirtschaftete!"

STRAFE

Für unsere bösen Taten in diesem Leben müssen wir hier auf der Erde bestraft werden. Haben Sie nicht die Hoffnung, dass Ihr Gegner im Himmel bestraft wird. Für Verstöße gegen die grundethischen Prinzipien Recht auf Leben und auf Eigentum müssen wir auf der Erde bestraft werden. Aber es gibt bestimmte Bagatellverbrechen oder Lieblosigkeiten, die nicht vom Gesetzbuch erfasst werden. Ein liebloser Mensch hat sich auf der Erde schon selbst bestraft, denn er hat seine eigene geistige Umweltverschmutzung geschaffen und wird dadurch unglücklich sein.

TANZEN

„Oh Mensch, lerne tanzen, sonst wissen die Engel im Himmel nichts mit dir anzufangen." (Hl. Augustinus)

TECHNIKEN

Wir können höheres Bewusstsein nicht mit Techniken gewinnen. Es gibt keine Techniken für höheres Bewusstsein, sonst hätten alle Menschen schon durch Techniken ein höheres Bewusstsein bekommen.

TEILEN

Wenn wir unsere Freude und unsere Liebe freiwillig mit anderen teilen, dann bekommen wir alles tausendfach zurück.

THEORIE UND PRAXIS

In einer Theorie identifizieren wir die Tatsachen der Existenz, um unsere Aktivitäten zu führen. Nach dem Identifizieren der Tatsachen der Existenz müssen wir handeln. Eine Theorie, die keinen Bezug zur Existenz hat, ist wertlos. Eine gute Theorie ist eine wahre Theorie, die in der Praxis wirkt. Eine Theorie, die in der Praxis nicht wirkt, ist keine gute Theorie. Jemand sagte ironisch: ‚Die Theorie ist gut, aber die Praxis bringt uns um.' Eine Theorie, die uns umbringt, kann nicht gut sein. Eine solche Theorie ist eine schlechte Theorie, egal wie schön sie klingen mag.

TRANSFORMATION

Wir transformieren unser Verhalten durch wachsende Bewusstheit so, dass es immer gewaltloser und liebevoller wird. Wir öffnen unser Herz.

TUGEND

Ein Wert ist das, was wir tun, um etwas zu besitzen oder zu erhalten. Tugend ist die Aktivität, durch die wir diese Dinge erreichen. Tugend ist nicht ein Zweck an sich oder die eigene Belohnung, sondern sie ist ein Mittel, um Werte zu erreichen, ein Mittel, einen Wert zu gewinnen oder zu behalten. Tugend ist nicht nur ein innerer Prozess, sondern Tugend drückt sich auch äußerlich aus, indem die Tugend durch die Handlungen praktiziert wird.

ÜBEL

Das Gute basiert auf der Natur des Menschen und auf Rationalität. Deshalb ist Tugend metaphysisch gesehen potent, mächtig. Übel ist das, was gegen die Realität geht, deshalb ist es unpraktisch und metaphysisch impotent. Übel ist eigentlich das Irrationale oder das, was gegen die Realität geht. Übel ist also hilflos, es kann nicht funktionieren. Es kann nicht Reichtum und Wohlstand produzieren. Es hat keine Macht, Ziele zu setzen und diese zu erreichen. Der sogenannte Erfolg des Übels bedeutet seine eigene Vernichtung. Übel hat die Macht, sich zu vernichten und nicht, sich Ziele zu setzen und diese zu erreichen. Alle falschen Gedanken und Ideen müssen zugrunde gehen, weil sie falsch sind.

Etwas, das grundsätzlich falsch ist, hat keine Möglichkeit, sich dauerhaft zu erhalten.

ÜBERBEWUSSTSEIN

Der göttliche Funke aus dem Überbewusstsein kann nur dann zünden, wenn unser Bewusstsein und Unterbewusstsein viele Tatsachen der Realität gespeichert haben. Erst wenn wir mit Fleiß und ständigem Bemühen einen großen Haufen Puzzle-Steine zusammengetragen und uns intensiv um ihre sinnvolle Zusammensetzung bemüht haben, kann das Überbewusstsein den zündenden Funken zur Integration bringen. Sonst geht es aus Mangel an Masse nicht.

ÜBERNATÜRLICHES

Es gibt nichts Übernatürliches, alles gehört zur Realität. Wunder sind nur die Dinge, die wir mit dem jetzigen Stand unseres Wissens noch nicht erklären können.

UMWELTVERSCHMUTZUNG

Die Umweltverschmutzung in unserem Geist müssen wir reinigen. Die positiven Gedanken, die positiven Emotionen und die positiven Werte, die vom Aussterben bedroht sind, müssen gerettet werden.

UNBEWUSSTHEIT

Ein Mann geht durch die Straße und stößt gegen eine Laterne. Er tritt einen Schritt zurück, geht wieder vorwärts und stößt wieder gegen die Laterne. Wieder tritt er zurück und will weitergehen, und wieder passiert dasselbe. „Ach", sagt er, „ich bin von allen Seiten von Laternen umgeben."

UNIVERSUM

Das Universum ist neutral. Wir müssen nach den Tatsachen der Realität gehen. Wir müssen Rücksicht auf das Universum nehmen. Die ganze Metaphysik basiert auf der Tatsache, dass das Universum verstehbar und nicht bedrohlich ist. Ein irrationaler ethischer Code führt zu der Auffassung, dass dieses Universum bedrohlich sei.

Wenn wir denken, dann haben wir Kontakt mit dem universellen Bewusstsein. Das heißt, das, was wir denken, wird verwirklicht werden. Das Universum wird das erfüllen, was wir wollen – ganz egal, ob es gut ist oder nicht, ob es negativ ist oder positiv. Alles kommt zu uns selbst zurück. Gute Wünsche kommen zu uns selbst zurück und schlechte Wünsche kommen auch zu uns selbst zurück. Unsere Gedanken sind mit dem Bewusstsein des Universums verbunden.

UNKLARES DENKEN

Max: „Hallo! Wo bist du?" - Herr Joff: „Hier!" - Max: „Wo?" - Herr Joff: „Neben dem Andre-Rieu-

Poster." - <u>Max</u>: „Und wo ist das Andre-Rieu-Poster?" - <u>Herr Joff</u>: „Neben mir, natürlich." - <u>Max</u>: „Und wo seid ihr, du und das Poster?" - <u>Herr Joff</u>: „Wir sind nebeneinander."

(Ausschnitt aus dem voraussichtlich 2001 erscheinenden Buch ‚Völlig logisch' von Pedro de Souza, Verlag MAY)

UNTERBEWUSSTSEIN

Alles, was wir erfahren, hören und erleben wird in unserem Unterbewusstsein gespeichert. Wir können das Unterbewusstsein sowohl negativ wie auch positiv verwenden. Nach dem gleichen Gesetz, nach dem wir uns elend gemacht haben, können wir uns auch glücklich machen.

Wenn wir einen Horrorfilm sehen, haben wir Angst. Unser Unterbewusstsein kennt den Unterschied nicht zwischen tatsächlichen Erfahrungen und Fantasievorstellungen. Die vom Unterbewusstsein gespeicherte Horrorfilmfantasievorstellung wird für tatsächlich wahr gehalten und wird unser Verhalten bestimmen. Wir halten unsere Angst für so real, als hätten wir in der Realität tatsächlich einen Horror erlebt. Die Speicherungen im Unterbewusstsein sind wie ein Filter, durch den wir die Welt wahrnehmen. Aber wir selbst können diesen Filter gestalten. Schauen wir lieber ‚Dick und Doof' anstatt eines Horrorfilms oder schauen wir ‚Odysseus' oder ‚Ilias'. Schauen wir in der Realität auf die Schönheiten anstatt auf die Negativitäten.

Wenn wir immer klein gemacht, gemein behandelt, beleidigt, beschimpft werden, wenn unsere Leistungen nicht anerkannt oder sogar herabgewürdigt werden, dann wird all dies im Unterbewusstsein gespeichert und wir halten das Bild für real, das andere von uns haben. Dann sind wir lustlos, nicht motiviert und finden keinen Sinn im Leben.

Wir können die Leute nicht daran hindern, herabwürdigende Dinge zu sagen. Aber was in unserem Unterbewusstsein gespeichert wird, das bestimmen wir selbst. Wir können selbst Affirmationen machen, die dann in unserem Unterbewusstsein gespeichert werden, die uns Kraft, Selbstvertrauen und Mut geben, die unser Selbstwertgefühl stärken, und durch die wir motiviert und bejahend werden und einen Sinn im Leben entdecken. Wir können glücklich oder unglücklich sein. Wir müssen die Gedanken in die positive Richtung speichern. Die anderen Menschen haben keine Macht, unser Unterbewusstsein zu programmieren. Die negativen Vorstellungen, von uns selbst oder von außen, erzeugen Angst. Aber die positiven Vorstellungen erzeugen Mut und Freude. Der gleiche Wind, der das Schiff nach Osten bringt kann es auch nach Westen bringen. Die Segel müssen richtig gespannt werden.

Wir können von dieser Tatsache profitieren, indem wir positive Vorstellungen in unserem Geist entwickeln. Ein Mensch, der z.B. schlank werden will, kann sich vorstellen, wie er als schlanker Mensch aussieht (ein Foto aus schlanken Tagen aufhängen), und welche Emotionen er dabei haben wird. Dass er z.B. von anderen bewundert wird, dass er endlich in Kleidergröße 38 passt, dass er sich sexy fühlt, dass er viel Energie hat, etc. (siehe Sabine Korte: ‚Happy birthday, Aphrodite‘, Goldmann Verlag)

UNVERGÄNGLICHKEIT

Unsere Seele ist unvergänglich. Wir sind unvergängliche Wesen, unser Körper ist vergänglich wie Kleider. Wir machen Erfahrungen auf der Erde in einem vergänglichen Körper.

URSACHE

Gott wirkt durch sekundäre Ursachen. Er will, dass dieses Universum nach ordentlichen Gesetzen funktioniert. Er will, dass die Objekte nach ihrer Natur funktionieren. Dieses Universum ist wissenschaftlich verstehbar.

VERANTWORTUNG

Jeder Mensch ist nur für seine eigenen Handlungen verantwortlich. Es gibt kein Gruppenkarma.

VEREHRUNG

Wir brauchen die Verehrung für das Höhere, für das, was edel und gut ist, für das ‚Wahre, Schöne und Gute', damit wir unsere Seele ernähren. Diese höheren Gedanken sind Nahrung für die Seele.

VERGANGENHEIT

Zwei Jäger waren auf Safari in Afrika. Von hinten kam ein Löwe, machte einen Bogen um die Männer und verschwand im Gebüsch. Da sagte der eine Jäger zum anderen: „Geh vor und sieh nach, wohin der Löwe geht. Ich gehe inzwischen zurück und sehe nach, woher er kam."

Es ist einfacher, von der Vergangenheit zu reden, als hier in der Gegenwart zu bleiben und der Zukunft zu begegnen.

VERKLÄRUNG

Verklärung ist ein Zustand geistiger Klarheit, bei dem man Zusammenhänge erkennt, Einsichten hat, Erkenntnisse gewinnt. Eine Verklärung führt in eine Dimension höheren Bewusstseins. Verklärung besteht aus Liebe, Weisheit, Discretio usw. Man kann unendlich viele Verklärungen unterschiedlicher Grade erleben.

VERNUNFT

Um höheres Bewusstsein zu erlangen, müssen wir die Vernunft in Gang setzen – und zwar in den höchsten Gang. Herz und Vernunft müssen gekoppelt werden. Beide sind notwendig wie die Flügel eines Vogels. Mit einem Flügel kann er nicht fliegen. Der erste Flügel ist das Herz, und der zweite Flügel ist die Vernunft.

Vernunft ist unser Mittel zum Erkennen, unsere einzige Quelle für Wissen, deshalb ist sie unser Grundmittel zum Überleben. Wenn wir die Vernunft nicht benutzen, sind wir im menschlichen Sinne unbewusst. Vernunft ist die Fakultät, die die Ergebnisse der Sinnesorgane identifiziert und integriert. Durch Vernunft können wir die Existenz erkennen. Vernunft fußt auf den Tatsachen der Existenz. Wir benutzen unsere Vernunft, weil wir eine bestimmte Wirkung erzielen wollen. Wenn wir eine bestimmte Wirkung haben wollen, müssen wir eine bestimmte Ursache in Gang setzen. Dies setzt das Gesetz von Ursache und Wirkung voraus.

Vernunft hat drei Aspekte:

1. Vernunft fängt an mit dem Beweismaterial der Sinnesorgane, die evident sind, d. h. die Sinneswahrnehmung ist die Grundlage für die Vernunft.

2. Vernunft ist die Fakultät, die die wahrgenommenen Objekte in Form von Konzepten integriert.

3. Vernunft hat eine bestimmte Methode, diese Konzepte zu bilden und anzuwenden. Diese Methode ist Logik.

Vernunft ist das Mittel, um Wissen über die Realität zu erlangen. Vernunft ist eine Eigenschaft des Individuums. Sie ist sein persönliches Mittel zum Überleben. Warum hat Gott uns dieses große Gehirn gegeben? Doch nicht, um es auszuschalten.

VERSAGEN

Warum ist es möglich zu versagen, auch wenn man rational und liebevoll ist? Weil es unbekannte Faktoren gibt. Wenn man nicht weiß, dass in der Dunkelheit vor einem ein Brunnen ist, dann fällt man trotz bester Absicht hinein. Aber wenn man rational handelt, dann sind auf Dauer die Chancen

besser, dass man erfolgreich ist. Es gibt keine
Garantie, aber die Chancen sind viel größer. Eignen
Sie sich mehr und mehr Fachwissen an. Wenn Sie
versagt haben, dann ändern Sie Ihre Vorgehens-
weise. Suchen Sie nach der Ursache des Versagens.
Es ist nicht Schicksal oder Karma. Es ist eine
Tatsache der Existenz, die nicht berücksichtigt
worden war. Fangen Sie von Neuem an.

VERSUCHUNG

Max: „Im Vaterunser beten wir ‚und führe uns nicht
in Versuchung.' Aber Gott führt uns sowieso nicht
in Versuchung. ‚Lasse uns nicht in Versuchung
fallen' wäre eine bessere Übersetzung."

Ryan: „Me eissenegkes" (Mt 6,13) in dem griechi-
schen Text ist der 1. Aorist Imperative."

Max: „Und?"

Ryan: „Diese grammatikalische Struktur fehlt in der
lateinischen Sprache. ‚Me eissenegkes' (‚du würdest
nicht führen') ist als ‚ne inducas' (‚führe nicht')
übersetzt worden. Die Übersetzung ist nicht falsch,
aber ‚nolles inducere' wäre besser. Der deutsche
Text ‚führe uns nicht' ist ein reiner Imperativ. Im
Lateinischen wäre das ‚non induca' oder ‚noli
induca'. ‚Rhyssai' oder ‚libera' ist ein reiner
Imperativ und ist richtig als ‚erlöse' (= Imperativ)
übersetzt."

Max: „Also die bessere Übersetzung wäre ‚Und du
würdest uns nicht in Versuchung (griech: peirasmos
= Versuchung, Not) führen. Aber erlöse uns von dem
Übel (der Versuchung oder Not).'"

VERSTEHEN

Die Schriftgelehrten verstehen die Heiligen Schriften oft buchstäblich. Oft sind sie verwirrt, weil sie die Dinge buchstäblich verstehen und nicht nach ihrem Geist.

> Ein Schmied hatte einen Lehrling. Der Schmied sagte zu ihm: „Ich lege das rotglühende Eisen auf den Amboß, und wenn ich mit dem Kopf nicke, schlägst du drauf." Der Lehrling hat ihn auf den Kopf geschlagen.

VERTRAUEN

Vertrauen wie auch Treue sind wertvolle Tugenden, hohe Werte, aber nur wenn die beiden Basiswerte beachtet werden. Vertrauen und Treue sind gefährlich oder nicht wertvoll, wenn die beiden Basiswerte (Recht auf Leben, Recht auf Eigentum) nicht beachtet werden.

VERZEIHEN

Groll ist eine Last für uns. Wir müssen lernen, unseren Eltern, Kindern und Freunden zu verzeihen. Wenn wir liebevoll sind, dann kommt Liebe zu uns zurück. Wir müssen es ausprobieren, um die Wahrheit dieses Gesetzes zu erfahren.

VORSTELLUNG

> In Shakespeares ‚Julius Cäsar' hat Cäsars Frau Calpurnia an dem Tag, an dem Cäsar ermordet

werden sollte, ein ungutes Gefühl. Sie will ihren Mann überreden, an diesem Tag das Haus nicht zu verlassen. Aber Cäsar sagt: „Ich will gehen! Die Bedrohungen sind nur hinter meinem Rücken. Wenn ich mich umdrehe, verschwinden sie."

Calpurnia erzählt von ihrem Traum, den sie in der Nacht hatte. In den Wolken gab es einen großen Krieg. Viele Soldaten kämpften miteinander, und Blut tropfte aus dem Himmel und fiel auf Rom. „Ich habe Angst", sagte sie. So gelingt es Calpurnia, ihren Mann zu bewegen, dass er zu Hause bleibt. Cäsar stimmt ihr zu, denn ihre Träume und Vorstellungen hatten seine Emotionen beeinflusst und seinen Willen geschwächt. Dann kommt Brutus, einer von den Verschwörern. Er will Cäsar abholen, um ihn in den Senat zu begleiten. Cäsar: „Ich will heute nicht hingehen. Sag das den Senatoren!" Brutus fragt, welchen Grund er habe. „Der Grund ist mein Wille! Dir als meinem Freund sage ich aber im Vertrauen, dass meine Frau einen bösen Traum hatte und mich bat, heute zu Hause zu bleiben."

Jetzt benutzt Brutus die Macht der Vorstellung. „Sie hat einen Traum falsch interpretiert. Es handelt sich um Blut des Lebens für Rom." Das leuchtet Cäsar ein. Brutus fährt fort: „Außerdem können wir im Senat doch nicht sagen, dass die nächste Sitzung stattfindet, wenn Cäsars Frau bessere Träume hat." Da geht Cäsar mit.

Vorstellungen haben einen stärkeren Einfluss auf unser Handeln als der Wille. Das kann uns zum Nachteil gereichen, wenn wir uns negative

Vorstellungen machen, wir können es aber zu unserem Vorteil nutzen, indem wir die Vorstellungen positiv gestalten. Positive Vorstellungen erleichtern es uns, die Dinge anzugehen. Wenn wir uns z.B. vorstellen, wie schön der Kuchen aussehen wird, wie wohl sich die Gäste fühlen werden etc., dann trauen wir uns eher zu, einen Kuchen zu backen, als wenn wir uns vorstellten, dass der Kuchen missraten wird. Wenn wir uns vorstellen, wie wir selbstsicher und kompetent ein Gespräch führen können, dann erleichtert uns dies, das Bewerbungsgespräch zu führen. Wenn wir uns vorstellen, wie wir glückliche, souveräne und liebevolle Mütter sind, dann erleichtert uns dies, in Situationen, die von uns Nerven wie breite Nudeln verlangen, Geduld und Ruhe zu bewahren.

VOLLKOMMENHEIT

Das Streben nach Vollkommenheit ist ein gutes Ziel. Es ermutigt uns dazu, uns immer mehr zu verbessern, es soll uns aber nicht daran hindern, aus Angst vor Unvollkommenheit nichts zu beginnen.

WAHL

Nach der Natur des menschlichen Bewusstseins können wir der Notwendigkeit des Wählens nicht ausweichen. Die Notwendigkeit zur Wahl ist die Natur eines Bewusstseins, das freien Willen hat. Die erste Wahl, zu denken oder nicht zu denken, ist die einzige Wahl, die man wirklich hat. Daraus ergibt sich dann alles andere: der Charakter, die Werte, die Gefühle.

Die Sinnesorgane funktionieren automatisch, ohne Wahl. Die Funktion des Geistes ist die Wahl, seine Konzentration auf etwas zu richten, über das eine nachzudenken oder über das andere nachzudenken. Dabei beginnt die Wahl grundsätzlich mit der Entscheidung, ob ich meine konzeptuellen Fähigkeiten in Gang setze oder nicht, ob ich denken will oder nicht. Die erste Wahl ist immer, ob ich die Scharfeinstellung auf ein Objekt mache oder nicht. Diese geistige Scharfeinstellung geschieht also nicht automatisch, sondern ist eine Frage der Wahl.

Wir müssen in jedem Augenblick wählen, ob wir die Existenz mit klarem oder mit konditioniertem Bewusstsein aufnehmen wollen. Wir müssen bewusst einen Zustand von Achtsamkeit herstellen, um alle Tatsachen zu begreifen und zu berücksichtigen, die für eine bestimmte Situation oder für ein bestimmtes Problem relevant sind. Im Bereich der Fotografie nennt man die Scharfeinstellung Fokussieren. Auf dem konzeptuellen Gebiet bedeutet das eine aktive Achtsamkeit, ein Zustand des Geistes, der sinnvoll gelenkt ist, um volle Aufmerksamkeit zu erhalten. Er strengt sich an, zu verstehen, zu begreifen, zu wissen.

WAHRHEIT

Wahrheit ist Freiheit von falschen Programmierungen. Wahrheit kann nicht geschrieben werden. Die Wahrheit kann nicht gesprochen werden. Wenn die Wahrheit geschrieben werden könnte, würde jeder ein Weiser werden, indem er ein Buch liest. Wenn Wahrheit gesprochen werden könnte, dann könnte jeder durch Hören weise werden.

WEISHEIT

Weisheit ist etwas anderes als Wissen. Wissen gibt uns bestimmte Kenntnisse. Weisheit ist die Offenbarung der Einsichten in Zusammenhängen. Wir bringen die Bäume näher zueinander und machen einen Wald daraus. Weisheit ist unabhängig von jedem Alter, sie ist das Ergebnis der richtigen Perspektive.

Die Möglichkeit, mehr Einsichten zu bekommen, ist unendlich. Das Wort Weisheit ist besser als das Wort Erleuchtung. Weisheit ist nicht mit Grenzen verknüpft im Volksmund, wir denken nicht, dass ein weiser Mensch nicht noch weiser werden kann.

Es gibt verschiedene Arten von Weisheit. Wenn wir sagen, A, B und C sind Weise, so glauben wir nicht, dass sie die identische Weisheit besitzen, und wir gehen davon aus, dass jeder seine Weisheit immer weiter vertiefen oder erweitern kann. Die Weisheit kommt in Schichten. Manchmal verstehen wir etwas, und nach einiger Zeit verstehen wir das gleiche, aber besser und tiefer. Es ist wie im Beruf, man dringt immer tiefer in die Weisheit ein, je länger man sich damit beschäftigt.

<u>Max</u>: „Ist Liebe allein nicht ein Kennzeichen von höherem Bewusstsein?"

<u>Ryan</u>: „Ein höheres Bewusstsein setzt Liebe und Weisheit voraus. Liebe allein reicht nicht aus.

Ein Bär fischte Fische aus dem Meer und warf sie ans Ufer, um sie aus Liebe vor dem Ertrinken zu retten. Der Bär tat das aus Liebe, aber er schadete den Fischen. Es fehlte dem Bär an Weisheit. Liebe ohne Weisheit kann Schaden bringen.

Es ist nicht genug, das Niveau der eigenen Weisheit zu halten, sondern es ist wichtig, das Niveau der Weisheit ständig zu erhöhen, d.h. man muss an Weisheit ständig zunehmen. Deshalb steht im Neuen Testament geschrieben: ‚Und Jesus *nahm zu* an Weisheit und Gnade bei Gott und den Menschen (Lk 2,52)‘.

Eine Maus, die in der Kirche wohnt, ist nicht automatisch spirituell, und ein Bär, der in der Bibliothek wohnt, ist nicht automatisch weise. Wir können die Weisheit nicht beim Krämer nachkaufen, denn Weisheit ist wie ein Wald, und ein Wald besteht aus Bäumen. Jede Einheit von Wissen ist ein Baum, aber wenn die Bäume hundert Meter voneinander entfernt stehen, dann ist es kein Wald. Viele Bäume ergeben erst dann einen Wald, wenn sie nahe beieinander stehen. Ohne Bäume gibt es keinen Wald. Viel Wissen ist nicht automatisch Weisheit, aber ohne Wissen kannst du nicht weise sein. Um Weisheit zu erlangen, müssen wir die Zusammenhänge zwischen den einzelnen Wissenseinheiten erkennen, aber erst einmal müssen wir diese Wissenseinheiten gelernt haben, genau wie wir erst die Bäume haben müssen, bevor der Wald gebildet wird. Wir müssen die Puzzleteile zusammenfügen und das Gesamtbild erkennen können, das ist Weisheit. Und jedes Bild fügt sich wiederum in ein noch größeres Bild ein, so dass die Erkenntnis immer weiter wachsen kann."

WEISSER ELEFANT

Ein weißer Elefant ist etwas, das nutzlos ist, aber viel kostet, es zu erhalten. Einige Menschen meinen, die UNO sei ein weißer Elefant. Ein weißer Elefant gibt uns nur ein gutes Gefühl, mehr nicht. Das gute Gefühl täuscht aber. Es gab mehr als 260 Kriege seit 1945. Die Kriegserklärer waren alle Mitglieder der UNO. Hitler wurde auch ohne UNO besiegt. Außerdem verzichten die Mitglieder auf ihre Souveränität. Die UNO könnte der Keim für eine Weltdiktatur werden, so würde Dr. Jekyll in Mr. Hyde umgewandelt.

Die Ursache der 260 Kriege war nicht, dass es keine UNO gab, die Ursache muss also woanders liegen. Virgil sagte, ‚furor arma minstrat', d.h. der Zorn schafft die Waffen. Wir brauchen eine andere Lösung als die UNO. Die UNO spielt Guru. Wer in der Demokratie schläft, wacht in der Diktatur auf.

WELTBILD/WELTBILDGEFÜHL

Alle geistigen Inhalte, die wir in unserem Bewusstsein haben, werden integriert, wenn nicht bewusst, dann unbewusst. Das Ergebnis ist eine emotionale Zusammenfassung. Diese emotionale Zusammenfassung ist die Grundemotion des jeweiligen Menschen. Der Mensch reagiert dann automatisch auf die Welt, entsprechend seinem Weltbildgefühl. Wenn wir die Prinzipien unseres Handelns kennen lernen wollen, müssen wir das Weltbild untersuchen, das in unserem Bewusstsein gespeichert ist. Unser Weltbildgefühl entscheidet die Antwort auf die folgenden Fragen:

Wohin wollen wir in Urlaub gehen, nach Spanien oder nach Peru? Welches Auto möchten wir kaufen, einen Jaguar oder einen Käfer? Möchten wir blaue oder grüne Kleider tragen? Welches Buch wollen wir lesen, klassische Literatur oder Trivialromane? Wie reagieren wir, wenn uns auf der Straße jemand die Vorfahrt nimmt? Sind wir beleidigt, wenn wir überholt werden oder bleiben wir cool? Gehen wir auf eine Demo oder machen wir ein Picknick mit Freunden? Etc.

WERT

Im Leben gibt es viele Werte, z.B. Vernunft, Geld, Liebe, Ruhm, Macht, Essen, Briefmarken, Sport, Musik. Ein Mensch setzt sich aktiv ein, um den Wert zu erhalten oder zu besitzen, den er für wichtig hält. Die Erlangung des Werts ist das Ziel der Tätigkeiten. Werte setzen eine Alternative voraus. Lese ich ein Buch oder höre ich eine Audiokassette? Spiele ich Fußball oder spiele ich Klarinette? Bin ich bereit, die Zeit dafür aufzubringen? Werte setzen voraus, dass der Mensch fähig ist, sinnvoll zu handeln. Werte basieren auf Realität. Wer die Realität anerkennt, kann die Werte gewinnen. Wir erlangen wir diese Werte? Durch Denken, dem folgerichtige Handlungen folgen. Wir erarbeiten eine Vorgehensweise. Die Gedanken werden durch die Tätigkeiten in materielle Form übersetzt.

Irrationale Werte

Max: „Warum kann man mit irrationalen Werten nicht glücklich sein?"

<u>Ryan</u>: „Weil sie mit der Realität zusammenstoßen. Es sind Werte, die widersprüchlich und deshalb nicht erreichbar sind, z.B. Keuschheit, Nicht-Anhaftigkeit, Egolosigkeit."

Negative Werte

Negative Werte sind Werte, die anderen schaden. Werte, die das Leben bedrohen oder vernichten, sind schlechte Werte z.B. Gewalt, Neid, Hass, Korruption, Skrupellosigkeit, Betrug.

Positive Werte

Positive Werte sind gute Werte, die auf Rationalität basieren. Gute Werte sind solche Werte, die das Leben fördern. Auf der körperlichen Ebene ist die Erhaltung des Lebens der höchste Wert, der Standard.

Wir dürfen nicht versuchen, Werte durch Betrug zu gewinnen. Das ist der Maßstab. Aber unsere positiven Werte zu schützen, zu bewahren, zu behalten, und zwar vor Gewalt, z.B. vor Diktatoren und Verbrechern, in den Fällen, in denen unsere Ehrlichkeit eine Waffe gegen uns selbst ist und in denen unsere Ehrlichkeit dem Übel dienen würde auf Kosten unserer schuldlosen Tugenden, in diesem Fall haben wir das Recht, uns zu schützen.

WIDERSPRUCH

Wenn jemand zusammenbricht, hat er zu viele Widersprüche in sich, die nicht integriert sind, er hat eine Vorstellung, aber die Realität folgt dieser Vorstellung nicht.

Wenn wir einen Konflikt zwischen unseren Ideen und unseren Emotionen haben, dann ist dies ein Hinweis darauf, dass wir Widersprüche in uns haben.

Meine Idee ist z.B., dass Sex schlecht ist, aber meine Emotionen sagen etwas anderes. Meine Idee ist z. B., dass Geld schlecht ist, aber meine Emotionen sagen etwas anderes. Meine Idee ist z.B., dass keiner ein Recht auf Eigentum haben soll, dennoch schließe ich die Haustür und das Auto ab und kaufe mir einen Wachhund. Meine Idee ist z. B., dass das Recht auf Eigentum richtig ist, trotzdem bewundere ich Robin Hood. Meine Idee ist z.B., dass das Recht auf Leben für jeden gilt, dennoch bewundere ich Alexander den Großen Terroristen.

Die Gedanken und Emotionen müssen in Einklang gebracht werden. Wenn ich an Robin Hood glauben will, dann muss ich auch gegen das Recht auf Eigentum sein. Wenn ich für das Recht auf Leben bin, dann darf ich Alexander und die andern Kriegsherren und den Krieg nicht bewundern.

Ein rationaler Mensch ist in Harmonie mit seinen Ideen und seinen Emotionen, er verhält sich immer entsprechend seinen rationalen Werturteilen. Da gibt es dann keinen Konflikt zwischen seinen Werturteilen und seinen Emotionen, weil seine Emotionen von seinen Werturteilen kommen, die er bewusst identifiziert.

WILLKÜR

Das Willkürliche hat kein Verhältnis zur Realität. Willkür ist außerhalb des Bereiches von wahr und falsch. Die Konzepte wahr und falsch gelten nur im Bereich des menschlichen Bewusstsein. Beides, Wahres und Falsches haben einen Bezug zur Realität.

Eine Aussage, die nicht nach den Regeln der Logik von den Tatsachen der Realität abgeleitet ist, die also jeder epistemologischen Grundlage entbehrt, ist eine willkürliche Aussage. Weil unser Bewusstsein nicht automatisch richtige Erkenntnisse bildet, deshalb ist es notwendig, dass wir bei der Erlangung von Wissen streng bei der wissenschaftlichen Methode bleiben und jede Willkür ablehnen.

WISSEN

All unser Wissen muss in eine sich nicht widersprechende Ganzheit integriert werden. Die Elemente unseres Wissens können nicht voneinander getrennt werden, sie müssen integriert und miteinander verflochten werden. Damit reflektiert das Wissen das ganze Universum.

WOLLE

Wolle, Baumwolle oder Seide, also Naturfasern zu tragen fördert die Gesundheit und Schönheit.

WÜNSCHE

Wenn wir eine Wirkung suchen, müssen wir uns Gedanken darüber machen, wie wir dieses Ziel erreichen können. Wir müssen etwas tun und dürfen nicht einfach nur wünschen. Wir müssen entsprechend handeln, um unser Ziel zu erreichen. Wenn wir das Ziel nicht erreichen, dann haben wir uns entweder nicht richtig informiert oder wir haben bestimmte Tatsachen der Existenz nicht berücksichtigt. Rationalität verlangt, die Tatsachen der Existenz zu identifizieren und dann unseren Wünschen entsprechend darauf einzuwirken, nicht umgekehrt. Wünsche müssen nach der Existenz gehen, nicht versuchen, die Existenz durch die Wünsche umzudeuten. Die Existenz beugt sich nicht vor uns.

WÜRDE

Die Würde des Menschen ist unantastbar. Wir sind keine Sünder, keine Raubtiere, wir sind Gottes Kinder, wir sind frei von Erbsünde.

WUNDER

Es gibt nichts Übernatürliches, alles gehört zur Realität. Wunder sind nur die Dinge, die wir mit dem jetzigen Stand unseres Wissens noch nicht erklären können.

WU-WEI

Nichtstun. Würde Lao-Tse uns heute raten, nichts zu tun? Nein. Den Chinesen? Auch nicht. Wu-wei ist ein Beispiel von Vergangenheitokratie – Regierung der Vergangenheit.

Max: „Aber Wu-wei bedeutet nicht, wir sollen nichts tun."

Ryan: „Hat das Lao-Tse dir gesagt, oder ist es deine eigene Interpretation? Jeder Guru erklärt Wu-wei anders."

Max: „Was bedeutet Wu-wei denn?"

Ryan: „Ich weiß nicht was Lao-Tse meinte. Ich kann nicht Worte von anderen erklären, mit denen ich mich selbst nicht identifizieren kann. Ich bin kein Schriftgelehrter. Ein Freund von mir wollte chinesisch lernen, damit er Wu-wei besser verstehen kann! Manche lernen aramäisch und griechisch und glauben, sie verstehen die heiligen Schriften besser."

Max: „Ja, man kann die Wörter meistern, aber nicht den dahinterstehenden Geist."

ZAHNPASTA

Vermeiden Sie Zahnpasta mit Fluorid. Fluorid kann schwarze Punkte auf den Zähnen bewirken. Fluor macht die Zähne hart, aber nicht alleine. Keine einzelne Substanz macht die Zähne hart. Wir brauchen ebenso Calcium, Silicea, Bor, Phosphor u.a. Phosphor ist natürlich ein Gift, wenn es pur eingenommen wird. Der Körper kann es verwenden, wenn es in Lebensmitteln als Phosphat in natürlicher Verbindung zusammen mit anderen Vitalstoffen eingenommen wird. Wir brauchen Fluor, das aus der Nahrung kommt. Man kann nicht Fast Food essen, Süßigkeiten und verkochte, gezüchtete hybride Lebensmittel, z.B. kernlose Trauben und gleichzeitig erwarten, dass die Zähne trotzdem hart bleiben, wenn Fluor im Trinkwasser oder in der Zahnpasta ist.

ZEICHEN UND WUNDER

Zeichen und Wunder machen einen Messias nicht aus. Genauso wenig ist ‚Auferstehung von den Toten' das Wahrzeichen eines Messias. Jesus ist deshalb der Messias, weil er ein waches Bewusstsein hat, frei von Anhaftigkeit an falsche Ideen/Konditionierungen, und wegen der Verkündigung der ewigen Wahrheiten.

Zeichen und Wunder sind auch nicht Merkmal eines höheren Bewusstseins, genauso wenig wie Rituale, Askese, neue Namensgebung, Fasten, Geißelung, Keuschheit, das Tragen besonderer Kleidung, Wallfahrten, Schweigen, langsames Essen, vegetarische Lebensweise, auswendiges Zitieren aus Heiligen Schriften, außersinnliche Wahrnehmungen, Gedankenlesen, Prophezeiungen, Telekinese, Auralesen, Wissen um vergangene Inkarnationen, Lichterleben, Töne wahrnehmen, ohne Nahrung oder von Licht leben können, Märtyrertum, Armut, Nicht-Anhaftigkeit, Egolosigkeit, Materialisation. Es ist Ihre freie Entscheidung und in Ordnung, wenn Sie es für sich wählen, es ist lediglich kein Zeichen eines höheren Bewusstseins. (siehe: ‚Die 7 Kennzeichen des höheren Bewusstseins' in: Pedro de Souza, ‚Evangelium 2000', Verlag MAY)

ZEITGEIST

Wenn viele die gleichen Ansichten haben, dann nennt man das Zeitgeist. Die öffentliche Meinung ist der Zeitgeist.

ZEITVERSCHWENDUNG

Thomas Edison hat die Glühbirne erfunden. Bevor er das richtige Metall dafür fand, hat er zehntausend andere Substanzen ausprobiert. Er hat nicht aufgegeben. Man fragte ihn, ob das nicht eine Zeitverschwendung gewesen sei. Er sagte: „Nein! Ich kenne jetzt zehntausend Substanzen, die nicht wirksam sind!"

ZIEL

Ziele sind erreichbar. Unsere Ziele sollen uns Zufriedenheit und Glück geben. Wenn wir merken, dass wir ein Ziel nicht erreichen können, schalten wir die Vernunft ein und finden heraus, was die Erreichung des Ziels verhindert hat, und ändern dann den Fehler konsequent. Beschuldigen Sie nicht die anderen, sondern finden Sie die eigenen Fehler heraus. Wer nur andere beschuldigt, kann die Fehler nicht erkennen und so die Vorgehensweise nicht verbessern.

Ein Ziel muss man haben – egal, was das (ethisch gute) Ziel ist. Setzen Sie am Anfang die Ziele nicht zu hoch. Wählen Sie zunächst kleinere Ziele, die Sie sicher erfüllen können. Dann haben Sie Selbstwertgefühl. Dann können Sie sich anspruchs-vollere mittelfristige Ziele setzen und nach und nach die Ziele immer mehr erhöhen und die Herausforderung steigern.

Ziele zu erreichen ist in spirituellen Kreisen deshalb verpönt, weil Ziele in der Welt oft dadurch erreicht werden, dass andere betrogen und übervorteilt werden. Das wollen spirituelle Leute nicht und suchen die Lösung darin, Ziele überhaupt aufzugeben. Damit schütten sie das Kind mit dem Bade aus. Es ist immer möglich, dass etwas missbraucht wird oder nicht funktioniert, aber das heißt nicht, dass wir es ganz abschaffen sollen, dass wir es nicht auch richtig benutzen können, oder herausfinden sollen, wie wir es richtig machen können. Feuer z.B. kann gefährlich sein, das heißt aber nicht, dass Feuer abgeschafft oder verboten werden soll. Man kann Vitamine überdosieren, das heißt aber nicht, dass man sie verbieten soll. Zu viel Salz ist giftig, aber soll Salz deshalb verboten oder in der Apotheke verkauft werden?

Wir machen alles mit Vernunft, wir planen und organisieren alles nach den Tatsachen der Existenz, um unser Ziel zu erreichen. Gleichzeitig kommt es darauf an, nicht nur Ziele zu haben und zu erreichen, sondern die Früchte dann auch zu genießen und glücklich zu sein.

<u>Max</u>: „Wir sind nur vorübergehend glücklich, wenn wir ein Ziel erreicht haben."

<u>Ryan</u>: „Aber sollten wir denn ein ganzes Leben damit glücklich sein? Wenn Edison mit der Erfindung der Glühbirne zufrieden gewesen wäre, dann hätte er das Grammophon nicht mehr erfunden. Es ist also von Vorteil, dass wir nicht schon nach der Erreichung eines Zieles für immer glücklich werden

können. Das Glücksgefühl jedes Ziels ist immer ein anderes. Jedes Ziel gibt eine neue Art von Glückseligkeit. Das Glück wächst und wird immer umfangreicher und vielseitiger, wenn man sich immer neue Ziele setzt und sie erreicht. Wenn eine Melodie nur von einem Instrument gespielt wird, klingt es nicht so schön, wie wenn ein ganzes Orchester spielt. Du musst viele ‚Instrumente' spielen lernen, um einen besseren ‚Klang' zu bekommen. Es ist also gut, dass wir immer wieder neue Ziele anstreben können, um immer wieder glücklich zu werden. Verschiedene Ziele geben verschiedene Arten von Freude.

Was ist die Aufgabe der Sonne? Sie soll Licht, Leben und Wachstum geben. Sie scheint auf alle Menschen. Könnte sie jemals grollen und sagen: „Jetzt werde ich kein Licht mehr aussenden?" Nein, sie strahlt weiter. Das Licht begegnet dem Groll und verwandelt ihn. Das Licht lässt sich davon nicht beirren. Unfreundliche Worte, lieblose Reden, Beleidigungen von anderen stören uns, weil wir vergessen haben, zu leuchten. Wenn wir leuchten, werden die Störungen umgewandelt. Leuchten heißt, dass wir aktiv, selbstbewusst und liebevoll in dieser Welt sind. Es ist egal, welches Ziel wir wählen, wenn dieses ethisch richtig ist.

Alice im Wunderland kommt an eine Weggabelung. Sie fragt die Katze: „Welchen Weg soll ich nehmen?" Die Katze will wissen, wohin sie gehen wolle. Alice kann es ihr nicht sagen. Sie weiß es nicht. Da sagt die Katze: „Es ist egal, welchen Weg du nimmst, wenn du dein Ziel nicht kennst." (‚Alice im Wunderland' von Lewis Carroll)

Definiere dein Ziel. Wenn du das Ziel definiert hast, erkennst du die richtige Straße, und wenn nicht, dann kannst du die Straße wechseln, wenn du merkst, dass sie in die falsche Richtung führt."

<u>Max</u>: „Welche Ziele soll ich wählen? Was ist richtig für mich? Was will Gott von mir? Wie kann ich das erkennen? Was ist meine Aufgabe im Leben?"

<u>Ryan</u>: „Keiner weiß, was das richtige Ziel ist. Falsche Ziele gibt es nicht. Alle Ziele sind richtig und tragen dazu bei, dir Erfahrungen und Glück zu vermitteln. Wenn die Möglichkeit sich bietet, höhere Ziele anzugehen, dann kannst du diese Gelegenheit deswegen ergreifen, weil du bereits Erfahrungen mit niedrigeren Zielen gemacht haben. Ziele, die dich nicht glücklich gemacht hatten, werden dir dennoch helfen, Ziele zu setzen, die dich glücklich machen. Wenn dir z.B. ein Arbeitsplatz kein großes Glücksgefühl verschafft hat, war er doch der Baustein, der es dir ermöglichte, bei Gelegenheit die gewünschte Arbeitsstelle anzunehmen. Ohne diese Erfahrung hättest du diese bessere Arbeitsstelle nicht angenommen."

<u>Max</u>: „Heißt das, ich soll die unangenehmen Erfahrungen aussitzen, im bloßen Glauben daran, dass sie einem höheren Ziel dienen?"

<u>Ryan</u>: „Nein, du kannst das Ziel jederzeit wechseln, wenn du meinst, dass es für dich nicht geeignet ist. Es ist falsch, stehen zu bleiben und solange nichts zu tun, bis du sicher bist, dass ein Ziel das richtige Ziel ist, denn niemand weiß, was das ist. Nutze die Gelegenheiten, die das Leben dir bietet. Überlege nicht zu lange, ob dieses richtig ist oder jenes. Möglicherweise ist die Gelegenheit sonst wieder

verschwunden. Sieh zu, wie du die Gelegenheiten für dich nutzen kannst. Mach etwas daraus. Das Leben ist ein Spiel, betrachte es als ein Spiel, nicht als ein Problem.

Kein Meister oder Guru kann dir sagen, was dein Ziel sein sollte. Du glaubst an einen Guru, der dir sagt, was du tun sollst, aber es gibt keinen Guru, der bisher sagen konnte, was die richtige Aufgabe für einen Menschen ist. Auch in Zukunft wird es ihn nicht geben. Wenn es ihn gegeben hätte, wenn er den Menschen die richtige Aufgabe hätte sagen können, und wenn es auch noch gestimmt hätte, dann hätten Milliarden Menschen vor seiner Tür Schlange gestanden. Suche keinen Guru, du selbst bist der Guru. Gott überlässt es dir. Wenn Gott einen Vertreter auf Erden installiert hätte, der dir sagt, welches deine Ziele sein sollen, dann hätte er eine Diktatur erschaffen, keine Freiheit.

Es ist falsch, wenn Alice die Katze fragt, ‚Wohin soll ich gehen?‘ oder ‚Welche Straße soll ich nehmen?‘ Es wäre falsch, wenn du einen Guru fragst, ‚Was soll ich tun? ‚Was ist meine Aufgabe?‘ ‚Was ist mein Ziel?‘ Wenn Alice weiß, wohin sie gehen will, kann sie die Katze nach dem richtigen Weg fragen. Wenn sie nicht weiß, wohin sie gehen will, dann kann sie irgendeine Straße nehmen. Wenn es sich herausstellt, dass es eine Sackgasse ist, dann kann Alice die Straße immer wechseln. Auf keinen Fall sollte sie mutlos da sitzen und warten bis die richtige, allwissende Katze ihr ihr Ziel offenbart. Solch eine Katze gibt es nicht.“

<u>Max</u>: „Wenigstens war die Katze ehrlich.“

ZUVERSICHT

Zwei Frösche fielen in einen Milchtopf, einer von ihnen war ein Ozeanfrosch. Der andere gab gleich auf und ertrank. Der Ozeanfrosch strampelte voller Zuversicht um sein Leben. Dadurch wurde die Sahne zu Butter, und der Ozeanfrosch konnte sich durch den festen Untergrund retten.

Weitere Bücher

Pedro de Souza

Evangelium 2000
Der Himmel auf Erden

Wer dieses handliche Evangelium, die ESSENZ der Lehre Christi, gelesen hat, erfährt, wie einfach es ist, glücklich zu leben, wenn einige Grundprinzipien beachtet werden.

Sie erfahren u.a.

✓ was Jesus in den Sand geschrieben hat,

✓ wer die fünf Räuber sind,

✓ was die spirituelle Bedeutung von Gold, Weihrauch und Myrrhe ist,

✓ welches die 7 Kennzeichen des höheren Bewusstsein sind.

Taschenbuch, 127 Seiten, DM 19,90

ISBN 3-934699-00-6

Pedro de Souza

Der Ozeanfrosch

Aus spannenden Seminaren und Vorträgen

Herausgegeben von Stefan Barres

✓ Wie werde ich dauerhaft glücklich?

✓ Wie bekomme ich mein Leben in den Griff?

✓ Wie erreiche ich meine Ziele?

✓ Wie lerne ich, das Leben zu lieben?

Veränderndes ‚Positives Denken' im lebendigen Gespräch mit Pedro de Souza und Seminarteilnehmern.

Taschenbuch, 184 Seiten, DM 24,80

ISBN 3-934699-02-2

Pedro de Souza

Die große Verklärungsrede Christi

Die Antwort auf Pilatus' Frage: ‚Was ist Wahrheit?'

Warum müssen wir sterben?

Woher kommen und wohin gehen wir?

Was ist ‚Gut und Böse?'

Warum gibt es Leid?

Taschenbuch, 76 Seiten, DM 18,00

ISBN 3-934699-03-0

Martina May

JESU WUNDERTÜTE

100 Seiten, bebildert,
mit Erklärungen, die Kindern Mut machen,
Lebensfreude zeigen, das Selbstbewusstsein stärken,
Antworten und Lebenstipps geben.

Auch für erwachsene ‚Christuseinsteiger'.

DM 22,00

ISBN 3-934699-01-4